스타트업,
쉽게
할 수 있다는
거짓말

스타트업,
쉽게
할 수 있다는
거짓말

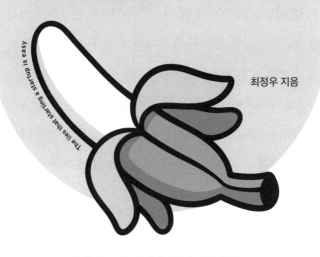

The lies that starting a startup is easy

최정우 지음

실패하고 싶지 않은 창업자를 위한
30가지 이야기

pazit

머리말

스타트업이라는 세계를 들어온 지 이제 10년이 되어간다. 창업의 세계에 뛰어들어서 맨몸으로 하나둘씩 알아가던 과정까지 합치면 시간이 조금더 지났지만, 몇 년이라는 숫자는 중요하지 않다. 중요한 것은 그 사이에 큰 폭풍이 하나둘 지나가고 새로운 세계가 열렸다는 것이다.

창업의 세계를 표현하는 말들은 계속 변화한다. 2000년대 초반에는 벤처라는 말이 사용되었고, 2010년 중반부터는 스타트업이라는 용어가 사용되었다. 앞으로 다가올 새로운 시대에는 또 다른 어떤 말이 생겨날지도 모른다. 시대는 계속 변하기 때문이다.

나는 벤처의 시대가 저물어 갈 때 사회에 나와서 사회 생활 초년기를 암흑에서 보냈으며, 스타트업의 태동기에 본격적으로 스타트업의 세계로 뛰어들었다. 그 당시 나와 같이 모험을 하던 사람들 중에 누군가는 큰돈을 벌어서 새로운 삶을 살고 있으며, 누군가는 파산과 같은 고통을 겪으며 새롭게 재기를 노리고 있다. 그리고 나는 처음 이 세계에 들어올 때와는 전혀 다른 모습으로 또 다른 세상을 살고 있다.

처음 스타트업의 세계에 들어올 때 내가 가졌던 생각들과 지금 가지고 있는 생각은 많이 달라졌다. 이 생각의 주름들을 얻기 위해서 나는 울고 웃으며 기쁨과 고통의 산들을 넘었다. 아마도 처음 창업이라는 세계에 들어오는 많은 분들이 나와 크게 다르지 않을 것이다.

창업이라는 낯선 세계를 설명하는 말들은 많다. 누군가는 창업이 꿈을 먹고서 열정으로 하는 것이라고 하며, 누군가는 자본의 힘과 버티는 힘으로 이겨 내는 것이라고 한다. 각각의 다른 성공의 이야기가 있는 만큼 다양한 생각들이 존재한다.

그래서 창업의 본고장인 미국 실리콘 밸리에는 창업을 경험한 사람들의 다양한 성공담과 실패담이 존재한다. 직원으로서 성공한 이야기, 전문 경영인과 자유롭게 창업하는 연쇄 창업자들의 이야기까지 매우 다양하다. 사람들의 다양한 이야기들을 수용할 수 있는 시장의 크기 덕분일 것이다.

반면 한국은 미국과는 조금 다르다. 일단 땅의 크기가 다르다. 그만큼 인구의 수, 즉 창업을 경험한 사람의 머릿수도 다르다. 시장의 크기가 다르니 창업자의 규모도 다를 수밖에 없다. 그리고 무엇보다 그들의 경험이 밖으로 나와도 크게 돈이 되지 않는다. 구매자가 적기 때문에 공급자가 적은 것도 한 가지 이유가 된다.

스타트업 세상에서 성공한 사람들(돈을 많이 번 창업자들)은 스타트업 업계의 어두운 면을 포함한 진실에 대해서 날카롭게 이야기할 필요가 없다. 그들의 만들어 낸 성공은 과거의 모든 과오를 덮어줄 것이며, 스타트업의 모든 환경들을 아름답게 보이게 할 만한 충분한 동기가 되기 때문이다. 또한 실패한 사람들(파산과 같은 몰락을 겪은 창업자들)은 자신의 경험을 이야기할 시간이 없다. 하루라도 더 빠르게 일어서기 위하여 전력으로 달릴 시간도 부족하기 때문이다.

한국의 창업계에서는 자신의 경험이나 생각에 대해서 이야기하는 것이 그리 큰돈이 되지 않는다. 대신 실리콘 밸리의 유명한 사람들의 희망 가득 찬 이야기나 조직에 대한 이야기는 베스트셀러가 될 수 있다. 일단, 책이 나오면 강의 등으로 도움이 되지 않겠냐고 생각할 수도 있지만 무라카미

하루키나 유명한 셀럽의 수준이 아니면 그렇게 의미 있는 벌이가 되지 않는다. 이는 창작자로서 생업을 유지하고 싶은 많은 예비 작가들의 꿈이지만, 현실은 생각보다 호락호락하지 않다.

그렇다면 누가 미디어에 나오는 스타트업의 뻔한 이야기 말고 다른 이야기를 할 수 있을까? 먼저 이걸 생업으로 하는 사람은 아닐 것이다. 대신 누군가에게 자신의 생각을 들려주는 것을 좋아하고 진심으로 이 시스템이 어떻게 구성되고, 회사와 스타트업 업계가 돌아가는지 궁금한 사람이 아닐까 싶다. 수익성의 여부와 관계없이 말이다.

나는 첫 번째 책인 〈스타트업은 어떻게 유니콘이 되는가〉를 발간하고 예상하지 못한 많은 사랑을 받았다. 내가 스타트업 업계에서 느낀 생각들과 이야기들, 그리고 내가 찾아

낸 원리들과 '왜'에 대한 대답들로 가득 찬 글들을 읽고 싶어 하는 사람들을 많이 만날 수 있었다. 그 자체만으로 나에게는 축복이었다. 현재 내가 계속 글을 쓰면서 사람들과 이야기할 수 있는 기반도 이런 분들의 관심 덕분이다.

그래서 나에게는 일종의 부채 의식이 있다. 내가 쓴 글을 계속 읽어 주고 나와 대화를 해 주는 분들에게 어떻게든 도움이 되고 싶은 생각도 이러한 부채 의식에서 나온 것이다. 내 글을 읽는 많은 창업자와 CEO들이 다양한 리스크를 관리하고 성공적으로 사업을 만들어갈 수 있도록 도움을 주고 싶었다.

내가 생각한 스타트업 업계는 그리 낭만적이지도 않고, 모험 의식과 열정만으로 무엇이든 해결되는 곳이 아니다. 오히려 자본의 논리가 명확하게 적용되고 있고, 꿈보다는 현실이 더 중요한 곳이다. 하지만 미디어와 사람들은 창업자에게 막연한 환상을 심어 주며, 그들이 불타오르기를 바라고 있다.

창업자와 대표도 인간이다. 불타오르고, 식을 때도 있지만 때로는 두렵고 겁나고 도망가고 싶은 마음도 강하다. 이런 사람들에게 필요한 것은 막연한 희망이 아닌 현실적인 작은 조언일 것이다. 내 글을 읽는 분들에게 살아남을 수 있는 작은 조언들을 해 주고 싶었다.

그래서 내가 지녔던 생각들을 조금씩 정리해서 이 책에 담았다. 창업을 준비하는, 혹은 창업을 언젠가는 준비할 사람들에게 도움이 되기를 바라는 마음으로 적어 내려갔다. 많은 이들에게 들었던 질문이며, 창업자라면 반드시 알아야 할 기본적인 질문에 대한 답들이다.

나는 앞으로도 막연하게 희망만을 노래하는 사람은 되지 못할 것 같다. 대신 한 명의 초심자라도 더 현실을 냉정하게 바라보기를 바라보는 사람으로 남을 것 같다. 꿈의 깊이만큼 중요한 것은 현실을 다루는 능력이며, 주위 환경들을 이해하는 시각일 것이다.

자신의 회사를 안정적으로 성장시키고 싶어 하는 모든 창업자들에게 이 책이 도움되길 바란다.

최정우

차례

01

숫자:
평생 만나야
하는 친구

회계 법인이나 대기업과 같이 큰 조직에서 일을 하는 경우에는 오히려 회계의 중요성을 제대로 인식하지 못할 가능성이 크다. 큰 조직은 자금 부족으로 인건비나 대금 지급을 걱정할 일이 없기 때문이다.

그런데 창업의 세계는 전혀 다르다. 이론상 모든 기업은 항상 자원이 부족하기 마련이다. 그래서 현 상황에서 가장 합리적인 결정을 내리기 위해 다양한 수단을 강구해야 한다. 하지만 스타트업의 문제는 단순히 자원의 부족에서 끝나지 않는다. '어? 안 되네? 큰일났네?'라고 말하는 순간 돌이킬 수 없는 절망적인 상황을 맞이하게 된다. 창업자와 회사가 파산을 할 수도 있고, 채권 미지급으로 인해 최악의 경우에는 감옥에 가게 되는 경우도 있다. 실패로 인하여 맞이하게 되는 상황이 절망뿐인 것이다.

물론 사전에 예방하면 된다고 생각할 수도 있다. 몇 가지 측면에서는 일리가 있다. 만약 우리 회사에 어떤 문제가 있는지, 내가 내린 의사 결정이 회사에 어떤 문제를 가져올 수 있는지를 정확히 예측할 수 있다면 모든 문제들에 대해서 합리적인 대안을 세울 수 있을 것이다. 하지만 그런 일이 과연 가능할까?

회사에 존재하는 문제는 대부분 회사의 본질과 관계가 있다. 회사의 존재 이유는 이윤 창출이다. 제품을 돈으로 바꾸는 곳이 바로 회사인 것이다. 그렇다면 돈은 무엇으로 구성되어 있을까? 바로 숫자다. 회사는 그래서 숫자로 구성되어 있다. 제품을 만들기 위해 가장 필요한 것은 돈이다. 물론 아이디어, 사람, 운 등 여러 요소가 모두 중요하지만 일단 돈이 없으면 아무것도 하지 못한다.

회사에서 발생하는 문제에 합리적인 대안을 세우려면 회사의 숫자, 즉 회계에 밝아야 한다. 회사가 어떻게 돌아가고, 돈의 흐름이 어떻게 되는지도 모르면서 과연 대책을 세울 수 있을까? 아무것도 모르고 내린 판단이 정확하다고 과연 확신할 수 있을까? 모르면 모를수록 위험은 더 커질 수밖에 없다.

그래서 회사의 창업자와 경영자는 숫자에 밝아야 한다. 아무것도 모르고, 숫자에 대해서 관심도 가지고 싶지 않다면 그 사람은 회사를 운영하지 말고 차라리 전문 경영자를 써야 한다. 잘못된 의사 결정을 내릴 가능성이 매우 크기 때문이다.

그렇다면 회계를 잘 아는 사람이 회사를 운영해야 할까? 꼭 그렇지는 않다. 회계를 안다는 것은 기본적인 구조를 파악할 수 있다는 의미일 뿐이다. 농구 경기를 많이 봐서 빠르게 경기의 구조를 파악할 수 있으면 농구를 잘하는 것이 아니듯 그것은 별개의 문제인 것이다.

회계와 숫자는 창업자와 경영자의 기본적인 소양일 뿐이다. 경영자가 회계사만큼 자세히 회계를 알아야 할 필요는 없다. 최소한 우리 회사가 어떻게 굴러가고 있고, 어떤 구조로 되어 있는지 알면 된다. 그리고 전문가를 어떻게 활용할 수 있을지 알면 된다. 물론 본인이 창업자라면 조금은 더 알아야 한다. 일반 회사와는 다르게 창업자에게는 자신이 처한 상황에 대해서 보다 자세하게 설명해 줄 사람이 주위에 없는 경우가 많기 때문이다.

단순한 사칙연산만으로도 계산은 가능하기에 복잡한 회

계 계정이나 이론을 빠삭하게 알 필요는 없다. 하지만 회사가 어떻게 세워지고, 어떻게 돈을 벌며, 그 돈으로 어떻게 사업을 지속적으로 만들어 가는지, 회계의 흐름은 알고 있어야 한다. 회계는 회사의 활동을 숫자로 표현한 것이며, 일정한 구조에 따라서 움직인다. 그래서 이 단순한 구조를 파악하는 것이 중요하다.

지금이라도 늦지 않았다. 복잡한 회계 책은 버리고 자신의 회사부터 분석해 보자. 작년에 만들어진 재무제표를 찾아서 엑셀을 활용해 모르는 항목들에 대한 질문을 만들어라. 그리고 자신의 질문에 대답해 줄 만한 사람에게 메일을 보내라. 거기서부터가 회계의 시작이다. ♠

startup

02

회계:
생존을
위한
언어로의 학습

누구나 필요하다고 생각은 하지만 막상 배우려고 하면 어려운 것이 바로 회계다. 복잡하고 어려운 계정으로 가득한 재무제표와, 그 순서대로 목차가 구성된 교과서로 회계를 배우는 방법은 너무 지루할 수밖에 없다. 이는 사업을 하는 사람에게도, 회계를 처음 배우는 사람에게도 마찬가지다.

처음 회계를 공부할 때 가장 힘든 건 대체 왜 회계를 공부해야 하는지 동기부여가 쉽지 않다는 것이다. 그래서 회계를 공부하기 위해 가장 중요한 것은 바로 공부해야 할 이유를 찾는 것이다. 사업을 하는 사람이라면 몸으로 느끼는 필요성이 있어야 한다.

회계를 흔히 기업의 언어라고 한다. 오래된 용어지만 여전히 이런 표현이 통용되는 이유는 사실에 가까운 말이기 때문이다. 실제로 회계는 기업을 파악하는 언어로 사용된다. 원래 회계는 객관적인 현황 파악 및 명확한 정보 교환을 위해서 만들어졌다. 돈을 만들어 내는 복잡한 구조를 제3자가 빠르게 파악하기 위한 수단으로 숫자만 한 것이 없기 때문이다. 매출 채권 1억 원을 표현하기 위해 숫자가 아닌 다른 언어를 사용해 보자. 아마도 한 단어로 표현하기 어려울 것이다.

회계를 기업의 언어라고 일컫는 것은 그저 비유나 묘사가 아니다. 단순히 제3자가 회사를 평가하거나 파악하기 위한 수단이라고 생각하면 안 된다. 우리는 내가 누구인지 나는 무엇을 하는지 정의하기 위해서 언어를 사용한다. 회사도 마찬가지다. 회사를 운영하는 경영진도 회계를 사용하지 않으면 자신의 회사를 정확히 알지 못한다.

오롯이 혼자서 운영이 가능한 가게라고 해도 하루의 매출과 비용을 머릿속으로 모두 기억할 수는 없다. 만약 사업의 규모가 커진다면 어떨까? 결산이 끝나야 우리 회사의 실적을 추정할 수 있는 회사들이 대부분일 것이다. 영업팀의 수장은 매출 정보, 인사팀은 인건비, 제조 책임자는 원가 정도는 알 수 있을 것이다. 하지만 이 모든 것을 한 번에 알고 이해하려면 모든 정보들을 다 모으고 취합해서 계산을 하는 방법밖에는 없다. 그렇기 때문에 실제로 우리 회사가 어떤 상태인지를 정확하게 알려면 회계라는 언어는 필수적이다.

회계를 모르면서 회사를 운영한다는 경영진을 만나면 '걱정'과 '기대'라는 감정을 느낀다. 회계를 모른다는 것은 자신이 운영하는 회사가 어떤 상태인지 모른다는 것이고, 자신이 처한 상황의 위험성을 모른다는 것과 동일한 말이다. 그렇기 때문에 회계를 알게 된다면 앞으로 얼마나 더 좋은 경영을 할 수 있을지 기대가 되기도 한다. 그동안 몰랐던 정보를 알게 된다면 분명히 의사 결정을 개선시킬 수 있을 것이다.

물론 기대보다는 위험 요소가 더 클 수밖에 없다. 특히 초기 기업들은 대부분 회계를 외부기장에만 의존하기 마련인데, 회계 정보가 내부가 아닌 외부에서 산출되는 구조로는 제대로 된 정보가 산출되기 어려워 재무제표가 엉망일 수밖에 없다.

외부 결산을 맡기는 회사의 일반적인 상황을 가정해 보자. 외부 결산을 맡기면 회계 법인은 통장 정보, 세금 계산서 등을 포함한 다양한 정보를 활용한다. 그리고 일 년에 한 번 정도 결산을 하게 된다. 결산을 처리하는 과정에서 돈의 입금이나 지출의 정확한 용도와 내역을 알아야 올바른 회계

처리가 될 수 있다.

그런데 단순히 업무 처리만 위임을 받은 외부 업체가 용도를 정확하게 알기는 아무래도 힘들 것이다. 회사의 내부 관리자나 경영자에게 정확한 용도 등을 물어보겠지만 모르는 것은 경영자도 마찬가지다. 회사가 바쁜데 6개월 전의 비용을 정확히 기억하고 있을 확률은 매우 낮다. 무슨 내용인지 찾아 주는 경영자는 그나마 나은 편이다. 대부분은 알아서 해 달라며 외부 업체에 떠넘기기 마련이다.

모르는데 어떻게 알아서 해 줄 수 있을까? 끈질기게 물어보고 해결하려는 외부 업체가 없는 것은 아니겠지만 대부분은 적당히 넘어가는 경우가 많다. 집요하게 물어봐야 결국 회사 담당자에게 좋은 소리는 못 듣기 때문이다.

회사를 운영하는 사람들의 입장도 이해가 간다. 갑자기 일 년 전 일을 물어보고, 알지도 못하는 복잡한 것들을 계속 물어보니 머리가 아플 수밖에 없다. 회사를 운영하는 다른 친구들은 회계사들이 다 알아서 해 준다고 하던데, 우리 담당 회계사는 왜 이렇게 까다로운지 모르겠다는 생각을 하게 되는 것이다.

이런 상황이 되면 당연히 재무제표는 엉망이 되고, 이 사실을 경영자가 알게 될 때는 대부분 재무제표로 문제가 발생했을 때이다. 왜 이렇게 됐는지 이유도 알 수 없고, 원인을 추적하면서 따라가다가 보면 예전에 아무 생각 없이 처리한 일들이 문제가 되는 경우가 많다. 그래서 경영자는 회계에 대해서 알아야 한다. 이런 위험을 최소화할 책임은 담당 회계사나 세무사에게 있는 것이 아니라 대표 본인에게 있는 것이기 때문이다.

그렇다면 회계는 어떻게 공부해야 할까? 영어를 한 마디도 못하는데 미국에 어학연수를 갔다고 가정해 보자. 어떻게 영어를 배울까? 살아야 하니까 관심을 가지고 부딪혀 가면서 배울 수밖에 없다. 옆집 제임스와 인사할 때도 쓰고, 맥도날드 가서 주문도 하고, 학원에 가서 친구들과 대화도 해야 한다. 문법책만 붙잡고 있을 시간은 없는 것이다.

회계도 매일 조금씩 상황에 맞게 익혀 나가는 것이 중요하다. 오랫동안 사업을 해 온 분들 중 회계를 잘 안다고 자부하는 사람들 대부분은 어깨너머로 배웠다고 말한다. 자신이 직접 '큰일나겠네!' 하는 상황들을 맞으면서 하나둘 익힌 것이 대부분이다. 그렇기에 절대 잊어버리지 않는다.

하지만 이런 시행착오법도 문제가 없는 것은 아니다. 시행착오법을 통해서 회계를 배운 기업들 중 우리에게 그런 노하우를 알려 줄 수 있는 기업들은 그래도 '살아남은' 기업이라는 것이다. 대부분은 시행착오의 과정에서 사업이 망하거나 심각한 손실을 입어서 누군가에게 자신만의 노하우를 알려 줄 기회조차 얻지 못한 경우도 많다. 그러므로 시행착오를 할 시간을 넋을 놓고 기다리는 것도 답이 아니다. 그러면 어떻게 해야 할까?

먼저 회계에 대해 최대한 쉽게 설명된 책을 사서 목차만 빠르게 보고 간단하게라도 회계의 원리를 파악해야 한다. 회계는 언어이지 세상만물을 설명하는 논리가 아니다. 오로지 회사에 특화된 언어다. 회사를 벗어나는 회계는 특수한 경우(비영리 법인, 정부 등)를 제외하고는 없다. 그래서 우리 회사에서 일어나는 일들이 어떻게 표현되는지만 생각하면 된다. 빠르게 읽고 당장 오늘의 거래에 시뮬레이션을 해보자. 어떤 거래이고, 어떤 일이 발생할지 생각해 보면 된다. 하루에 한두 번, 십 분씩 어제 일어난 일들을 회계의 언어로 생각해 보자. 머릿속에 재무제표를 그리거나 분개를 할 필요까지는 없다. 대신 어제 일어난 거래가 재무제표에 어떤 영향이 있을지 생각해 보는 것이다. 답이 안 나오면 적어 놓았다가 전문가에게 물어봐도 된다. 가상의 시행착오를 그려 보는 것이다. 이렇게 일 년의 시간이 쌓이면 회계를 바라보는 자신만의 노하우를 갖게 될 것이다. 회사의 재무제표를 분석해서 의미를 파악하고, 내가 내리는 의사 결정이 회사에 어떤 영향을 미칠지도 대략적으로 그려질 것이다.

어느 정도 학습되었다면 난이도를 높여 나가면 된다. 어차피 책상에 앉아서 진지하게 공부하지 않는 이상 회계사 수준의 지식을 쌓을 수는 없다. 하지만 언어는 필드에서 통하는 법이다. 자신만의 노하우를 쌓아 가는 것이 경영자들의 회계 공부에서는 더 중요하다. ♠

03

성장 단계:
현재의 상황을
모멘텀으로
설명해 보자

우리 회사는 어디쯤에 있을까? 투자를 받는 기업들은 단순하게 답할 수도 있다. 시드(seed)부터 시리즈 A, B, C로 이어지는 투자 유치의 단계가 있기 때문이다. A, B, C와 같은 기준은 내가 받은 투자금이 아니라 대체로 순서와 밸류(value)의 단계로 이루어져 있다. 그래서 "저희는 현재 시리즈 A를 받고 B를 준비중입니다"와 같이 말하면 대략적인 성장 단계를 알 수 있다.

하지만 이런 분류는 지극히 투자자 관점에서의 분류이기도 하다. 투자금을 받았는가, 받았다면 얼마나 받았는가에 따라서 구분되기 때문이다. 우리나라에는 투자를 받는 기업만 존재하는 것이 아니다. 외부에서 투자금을 받지 않고 스스로 성장한 기업들도 많다. 전체 기업들 중 투자를 받는 기업은 10%가 채 되지 않는다. 그럼 투자를 받지 못한 기업들은 성장 단계가 없는 것인가? 아니다. 성장 단계가 없는 기업은 없다. 그래서 투자자들의 기준이 아닌 자신의 회사의 상황을 설명하는 별도의 기준이 필요하다.

첫 번째 혹은 두 번째나 세 번째 제품으로 회사가 일정 규모의 성장을 이루는 것을 1단계로 규정할 수 있을 것이다. 단순히 회사를 세운 시기가 아닌 제품의 판매 여부가 중요하다. 제품의 판매가 시작되고 더 많은 직원들을 채용하면서 지속 가능한 성장이 일어난다. 이 단계에서 회사가 손익 분기점에 도달하는 경우도 있고, 아닌 경우도 있다. 만약 손익 분기점에 도달하지 않았다면 상당한 위기에 봉착할 가능성이 있다. 그렇기 때문에 계속 투자 유치와 같은 자본 조달을 실행해야 하는 것이다.

자본을 태우면서(Burn) 달리는 방법과 스스로의 자금으로 성장하는 방법 중 절대적 우위에 있는 것은 없다. 대부분 성장기에는 전자가 유리하며, 침체기에는 후자가 유리하다. 전자는 침체기에 회사가 망할 수도 있으며, 후자는 성장기에 사업할 줄 모른다고 욕먹을 가능성이 다분하다. 자본의 관점은 자신의 부를 현재의 상황에 맞게 얼마나 확대시킬 수 있는가에 맞춰져 있다. 하지만 사업가의 관점은 생존 가능성이 먼저다. 성장기에도 생존해야 하고, 침체기에도 생존해야 하는 게 사업이다.

투자를 받으면서 자본을 모조리 쏟아 붓는 방식은 레버리지를 활용하는 방법과 비슷하다. 레버리지를 쓴다면 당연하게 큰 이익을 만들어 낼 수 있으나, 반대의 상황이 펼쳐지면 거대한 위험에 직면한다. 투자를 받든 안 받든 1단계는 규모화가 이루어지는가에 따라 결정된다. 제품이 시장에서 호응을 얻으면 지속적인 판매가 일어나며, 그것이 마케팅과 자본의 힘이건 고유한 바이럴의 힘이건 성장은 일어난다.

2단계에서는 조직의 체계화가 나타난다. 1단계를 넘어선 기업은 두 번째 제품을 개발하기 위해, 혹은 첫 번째 제품을 더 발전시키기 위해서 더욱 조직을 고도화시킨다. 조직이 고도화된다는 의미는 회사를 유지하기 위한 고정비가 더 많이 늘어나고, 좀더 복잡한 구조가 되는 상태를 의미한다. 첫 번째 제품이 대박이 나서 엄청난 돈을 벌었어도 2단계로 넘어가지 못하는 기업들도 있다. 단순한 조직으로 엄청나게 돈을 많이 버는 경우와 같이 말이다. 그럼 나쁜 것일까? 설마 그럴 리가! 사람을 더 뽑고 복잡한 조직을 만들고 키우는 대부분의 이유는 더 큰 매출액을 지속 가능하게 하기 위해서이다. 단순한 조직으로 매출을 많이 내고 지속 가능하기까지 한다면 얼마나 좋을까? 문제는 현실에서 그럴 가능성이 별로 없다는 것이다.

조직이 고도화되면 회사 내에 절차라는 게 생긴다. 흔히 말하는 회사의 체계이다. 하지만 직원들이 느끼는 체계화와는 큰 괴리감이 있을 것이다. 대표가 원하는 체계화는 '내가 하지 않아도 일이 자동적으로 돌아가고 시키는 것만 해도 되는 것'이고 직원들이 원하는 체계화는 '사람에 의존하지 않고 일이 절차대로 돌아가는 일'이다. 둘의 공통점은 실현 가능성이 적다는 것이다. 대형 중소기업 정도가 되면 몰라도 그전까지는 사장이 신경을 써야 하는 일들이 많다. 삼성전자 수준이 되지 않는 한 모든 직원들은 회사에 체계가 없다고 느낄 수밖에 없다.

둘 다 만족스럽지는 않겠지만 잇몸으로 완전히 때우는 일이 사라졌다면 2단계를 지나고 있는 것이다. 창업하는 회사들 대부분은 2단계에 도달하지조차 못한다. 시리즈 A, B, C를 받는 것과 관계없이 첫 번째 제품들을 만들고 조직화되는 과정에서 회사는 망가진다. 매출을 일정 부분 넘겨서 시장에서 생존이 가능하다고 인정받은 기업들만 2단계에 도달하게 되는 것이다.

3단계는 다시 첫 번째 제품을 넘어서는 매출 동력을 찾는 단계다. 이미 첫 번째 제품이 나온 이후, 제품은 쪼개지고 고도화되어 새로운 제품들이 나왔을 것이다. 첫 번째와는 다른 제품들이 충분한 매출을 만들어 가며 회사가 안정화가 되는 단계가 3단계이다. 이 상황에서 새로운 사업으로 확장하다가 회사가 무너지는 경우도 많다. 그리고 3단계에 도달한 기업들은 다양한 위험에 직면하게 되는데, 대부분은 2단계에서 세팅한 조직에서 발생한다. 조직이 제대로 안 돌아가고 사람들은 흔들리는 일이 발생하는 것이다. 그렇다면 어떻게 해야 할까?

다시 2단계로 돌아가면 된다. 생존할 수 있다면 뒤로도 가고 다시 앞으로도 갈 수 있는 것이 기업이다. 조직을 정리하고 다시 기본부터 시작하면 된다. 조직은 살아 움직이는 유기체와 같다. 서로 연동하면서 자유롭게 움직이며 결과를 내지 않으면 오히려 마이너스가 된다. 남의 살을 이식한 것처럼 서로 반목하기도 하고 갈등구조가 생기기도 한다. 이 과정을 잘 조율할 수 있다면 조직이 살아남을 수 있겠지만 그렇지 않으면 오히려 날려버리는 게 도움이 된다.

'제품-조직화-제품-조직화'의 각 단계를 성장을 위한 모멘텀으로 생각해 보자. 하나의 모멘텀을 돌파할 때마다 회사에는 굳은살이 생긴다. 작은 경험들은 대부분 고통과 시행착오 속에서 만들어지기 때문에 그것들이 딱딱하게 굳으면 더욱 강한 살이 된다. 이 강한 살들이 하나씩 굳어지면 각 단계의 모멘텀을 돌파할 힘이 생긴다. 이전에 겪었던 경험을 토대로 자신에게 더 중요한 것을 선택하면서 제품과 함께 회사는 더 커진다.

그리고 이런 과정을 수십 번, 수백 번 거치면서 회사는 거대한 조직으로 변한다. 아마 구글도 그렇게 변화하지 않았을까? 구글의 성장 과정을 시리즈 A, B, C 투자 과정으로만 설명하는 것은 너무나 비약이다. '검색'이라는 제품으로 시작해서 유튜브를 인수하여 동영상 플랫폼을 만들고 또다시 다양한 제품들을 만들어 냈던 것이 바로 구글의 성장 과정이 아닐까 싶다.

이런 구글의 성장 단계를 앞서 언급한 제품과 조직화의 단계와 비교해 보면 제품은 단순히 하나의 상품을 의미하는 것이 아닌 비즈니스 모델 그 자체라고 볼 수 있다. 비즈니스 모델이 만들어지고 성숙되는 과정은 조직화를 거쳐야 하며, 제품이 유지되는 과정을 거치면서 또 다른 비즈니스 모델이 탄생하는 것이다.

회사는 이와 같이 끊임없이 비즈니스 모델을 만들어 내고 유지하는 체계를 다지는 연속성과 같다. 자본 조달을 위해서 회사가 존재할 수는 없다. 자본 조달의 과정은 회사가 성장하는 데 매우 중요하지만 결국은 반복의 구조를 뒷받침하기 위한 과정일 뿐이기 때문이다. ♠

04

기업:
이해관계자들의
관점으로
바라보자

'기업이란 무엇인가'라는 질문에는 여러 답이 있을 것이다. 직원의 입장에서 보는 회사, 경영자의 입장에서 보는 회사, 창업자의 입장에서 보는 회사, 투자자의 입장에서 보는 회사는 모두 다르게 정의된다. 그 시각의 차이는 기업이라는 과정을 거쳐서 자신의 목적을 이루는 과정이 다르다는 데 있다. 창업자는 급여와 엑시트를 통한 이익을, 투자자는 운영 보수와 자본 획득을 통한 이익을 그리고 직원은 급여를 통한 이익을 얻기 때문에 모두 자신의 이해관계에 맞춰서 기업에 대한 정의를 내리게 된다.

한 가지 공통점이 있다면 기업은 이익을 창출하는 개체라는 점이다. 좀 더 정확히 말하면 투자된 자본을 통하여 이익을 창출하는 기반을 만들고 이를 유지하는 유기체라는 것이다. 그런데 무에서 유를 창조할 수는 없다. 이익을 내는 기반을 만들려면 초기에 이런 환경을 만들 수 있는 자본이 필요하다. 많은 경우 자본은 돈을 의미하지만 창업자의 경우에는 자신의 시간과 재능을 투자하고, 직원들도 급여를 받는 대신 노동력을 제공하게 된다.

기업은 주어진 자본들을 기반으로 이익을 계속 만들어 낸다. 직원들도, 창업자도 이익 창출을 위한 자본 중 하나이다. 그래서 인사를 인적 자원(human resources)이라고 하기도 한다. 돈으로 사람을 고용하기도 하지만 본질적으로 돈은 일을 할 수가 없다. 가치 활동을 위해서는 결국 사람이 뛰어야 코드를 짜서 서비스도 만들고, 공장에서 기계도 돌리고, 전화도 받고 영업도 한다. 이 모든 활동의 중심에는 사람이 있을 수밖에 없다.

하지만 사람이라는 자원은 생각보다 예측 가능하지 않다. 1을 넣어서 3이 나오고 2를 넣어서 4가 나오는 구조라면 얼마나 예측이 쉬울까? 그런데 사람은 그렇지 않다. 그래서 인사가 어렵다. 많은 경험을 쌓은 사람도 계속 예외 사항을 마주할 수밖에 없는 것이 인사다. 초기에 2~3명이 일하던 조직이 성장해서 10명, 100명, 1,000명이 되면 관리가 너무나 어려워진다. 예측하지 못하는 사고는 계속 발생하고 안정적으로 이익을 만들어 내는 기반은 위협받게 된다. 그래서 기업이 커질수록 사람이라는 자원은 부품으로 여겨진다. 작은 부품이 되어 예측 불가능한 일이 발생하더라도 대체될 수 있도록 말이다. 그래야 지속 가능한 이익을 만들어 내는 일이 조금이나마 예측 가능하게 된다.

회사 입장에서는 이는 지극히 합리적인 결정이다. 하지만 인간적인 면에서는 그렇지 않다. 인간적인 배려는 사라지고 인간성을 무시한 기계적인 결정들도 내려진다. 부품이 되어 버린 인간이 과연 행복할 수 있을까? 하지만 회사가 커져가면 때로는 어쩔 수 없는 일이 되어버린다.

자본 시장에서 인기가 많은 회사는 높은 수준의 성장을 내면서 지속적으로 꾸준히 이익을 내는 기업이다. 물론 현재 이익을 내지 않더라도 인기 있는 기업들이 있다. 하지만 이런 기업은 미래에 큰 이익을 낼 것으로 기대되기 때문에 현재의 이익이 낮아도 인기가 있을 뿐이다. 결국은 다들 이익을 기대한다. 그것이 현재이든 미래이든 말이다.

유명한 포털 사이트들의 증권 관련 게시판을 보면 회사의 이익만을 생각하는 자본가들이 잔뜩 있다. 극도의 효율성을 추구하며 돈이 안되는 직원들을 구조 조정하라고 이야기하고, 이익이 나지 않는 회사를 거침없이 쓰레기라고 말한다.

감정이 배제되고 자신의 이익만을 생각하는 상황에서는 모두가 극단적인 자본가가 된다. 이 거침없는 자본가들은 어디서 왔을까? 물론 전업 투자자들도 있겠지만 대다수는 결국 어딘가에서는 돈을 벌고 있는 급여 소득자일 가능성이 높다. 그럼 자신의 회사 사장에게도 이야기할 수 있을까? 비효율적인 나를 해고해서 회사의 이익을 높이라고 말이다.

기업이라는 유기체가 재미있는 것은 이 모든 이해관계자들이 한데 뭉쳐서 서로 다른 시각으로 공을 굴리고 있다는 점이다. 자신은 피해자라고 이야기하면서 밖에서는 극단적인 자본가가 되기도 하고, 실제로는 극단적인 자본가이지만 내 직원에게는 따뜻한 경영진도 있다. 과연 누가 옳고, 누가 틀린 것일까? 자신의 이익 추구라는 절대적인 목표를 앞에 두고 펼쳐지는 이 활동들 앞에서 선명하게 옳고 그름을 선택하기는 어렵다. 누군가에게 정답이 되는 일이 누군가에게는 오답이 되어버리기 때문이다.

결국 기업이라는 복잡한 유기체는 분석하는 주체에 따라 모양이 달라질 수밖에 없다. 그리고 개인들은 자신이 속한 방향으로만 기업을 바라볼 수밖에 없는 명확한 한계를 가진 것도 현실이다. 하지만 하나의 시각으로는 기업을 폭넓게 이해할 수 없다. 기업을 구성하는 다양한 주체들의 위치에

서서 생각하지 않으면 복잡한 문제들을 해결할 수 없다.

'이 회사는 이런 식이야!'라고 말하고 싶다면 두 가지 방법 중 하나를 명확하게 선택해야 한다. 그리고 '이런 측면에서 볼 때만'이라는 명확한 제한점을 제시하거나 그 시각과 관계된 이해관계자를 최소한 두 개 정도는 포함시켜서 분석과 대안을 제시해야 한다. 그렇게 하면 기업에 대한 균형 잡힌 의견을 제시할 수 있을 것이다. ♠

05

원가:
원가를 모르면
비즈니스 모델 수립이
불가능하다

회사는 누군가에게 제품을 팔아서 돈을 번다. 제품을 구매하는 대상이 일반 대중일 경우에는 B2C(Business to Customer)라고 하고, 기업일 경우에는 B2B(Business to Business)라고 한다. 구매하는 대상을 특정해야 하는 것은 비단 판매를 하는 방법의 차이 때문만은 아니다. 일반 대중에게 파는 제품과 기업에 파는 제품은 생산 단계에서부터 큰 차이를 보이기 때문이다.

생산 단계는 기업의 수익성을 결정짓는 중요한 요소다. 그래서 생산 단계에서 발생하는 원가를 보다 정확히 측정하는 방법인 원가 회계(cost accounting)가 발달했다. 원가 회계는 주로 제품이 생산되는 단계에서 발생하는 원가를 계산하고 이를 관리하는 방법을 다룬다. 아직도 많은 제품들이 공장에서 생산되기 때문에 원재료를 매입하고 이를 가공한 뒤에 재고로 넘어가는 과정은 중요하다.

생산 단계에는 물론 사람도 포함된다. 공장에서 직접 일하는 사람들의 인건비가 곧 제품 생산의 원가이기 때문이다. 당연히 회사에는 제품을 생산하는 사람만 있는 것은 아니다. 공장에 있는 인원들이 좀더 일을 잘할 수 있도록 관리를 하는 직원들도 있고, 판매를 위해서 일하는 마케팅 직군의 직원들도 존재한다. 하지만 후자의 경우는 직접적인 생산 원가에 포함하지 않는다. 제품을 생산하는 과정에서 직접적인 공헌도가 없기 때문이다.

이처럼 전통적인 산업에서는 인건비의 구분이 명확한 편에 속했다. 공장에서 일하는 사람(제품 생산자)과 관리자의 구분이 명확했고, 재무제표상의 구분도 명확했기 때문이다. 원가를 알면 대부분 원가 이상으로 물건을 팔아야 된다는 것을 인지하게 되고 제품을 팔 때마다 손해가 발생하는 일을 되도록 피하기 위한 전략을 수립하게 된다.

하지만 이러한 방식은 제품의 종류가 변경되면서 조금 달라졌다. 스타트업들이 제공하는 제품을 보자. 커머스 기업들과 같이 제품을 구매 혹은 생산하여 시장에 판매하는 업체들도 있다. 하지만 스타트업을 하는 많은 기업들이 웹이나 앱을 통해 서비스를 제공하고 수수료 혹은 사용료를 받는다. 이러한 서비스들의 원가는 얼마일까? 현재 개발에 투입되어 있는 개발자들의 인건비인 것일까?

모호함은 여기서 끝이 아니다. 서비스를 개발하여 시장에 출시한 창업자라면 잘 알고 있을 것이다. 이 서비스 개발이라는 항목은 칼로 무를 자르듯 명확하지가 않다. '자, 이제 여기까지 개발했으니 이건 출고했고, 그럼 끝이네'라는 방식이 불가능하다. 모든 서비스는 시장에서 완벽하지 않은 상태로 론칭하여 수정을 거듭하면서 좀더 나은 제품으로 만들어진다. 100% 완벽한 제품으로 시장에 내놓는 경우는 거의 없으며, 심지어는 시장에 제품을 론칭한 이후에 방향을 완전히 바꾸기도 한다. 그렇다면 이 서비스의 원가는 대체 얼마일까? 측정하기가 매우 모호하다.

이런 측정 방법의 모호함은 스타트업에 많은 문제를 야기한다. 먼저, 생산한 제품의 원가율이 얼마인지 정확하게 알기가 어렵다. 어제까지 생산한 제품의 매출이 폭발적으로 성장해서 원가가 무한히 낮춰지는 경우도 있고, 시장에서 인기를 끌지 못해서 사라지는 경우도 있다. 시장에서 소리 소문 없이 사라지면 매출이 없기 때문에 원가율이 100%일까? 회계 용어로 표현하기도 모호하다.

심지어는 이런 회계의 모호함을 가지고 와서 잘못된 비유를 하는 경우도 있다. "우리 회사는 개발자를 제외하면 이익이 난다"며 투자 유치 시에 이야기하는 경우이다. 개발자가 제품을 만들었는데 개발자가 없으면 앞으로 유지 보수와 추가 개발은 어떻게 할 것인가? 앞으로 개발자를 고용하지 않아도 서비스가 굴러간다는 의미인가? 그럼 원가율은 무한히 0%에 수렴한다는 이야기인가? 절대 그렇지 않을 것이다. 과거 원가 회계에서 가지고 왔던 틀이 현재 사업 구조에 맞지 않아서 발생하는 오류들을 이용하는 상황일 뿐이다.

원가가 완전히 0인 경우는 세상에 없다. 갑자기 땅에서 보물 상자를 발견하는 경우에도 원가는 있다. 이 상자가 누구의 소유인지 분쟁이 일어난다면 해결하는 데 돈이 들어가고, 최종적으로 이 소유물을 취득하는 데 시간과 비용이 들어갈 것이기 때문이다. 그런데 개발자를 활용해서 만든 서비스가 갑자기 원가가 0이라니 이치에 맞지 않는다.

원가 측정의 어려움으로 인하여 스타트업과 투자자들은 초기 단계에서 어쩔 수 없는 모험을 해야 한다. 성과 측정이 어려운 공장을 운영하듯이 개발팀을 만들 수밖에 없다. 공장은 기계가 일을 하지만 개발은 사람이 한다. 이제 GPT(Generative pre-trained transformer)의 발전으로 인공지

능이 초급 개발자의 일을 대신한다고 하지만 아직도 로직을 구성하고 전체적인 틀을 짜는 일은 사람이 해야 한다. 사람이 한다면 당연하게도 비효율이 발생할 수밖에 없다. 감정에 영향을 받기도 하고 의견 충돌로 시간이 더 소모될 수도 있다. 개발자가 하는 일은 결국 과거 공장에서 제품을 만들던 역할과 비슷한 것이지만 그보다는 더 통제가 어렵다.

문제는 이렇게 어려운 과정을 거쳐서 나온 서비스가 시장에서는 검증도 받지 못할 수 있다는 것이다. 공장에서 나오는 제품들은 저렴한 단가로 테스트를 할 수 있다. 최소 주문 수량도 이전에 비해 줄어들어 적은 돈으로 제품이 팔리는지 시장에서 테스트를 해 보고, 제품을 바꾸어 가며 앞으로 나아갈 수 있다. 하지만 스타트업들이 만드는 서비스들은 그렇지 않다. 거액을 들여서 제품을 만들었는데 시장에서 가치를 제대로 평가받지 못할 수도 있는 것이다. 비용과 시간 모두를 날리는 것이다.

스티브 잡스가 창조한 앱 생태계로 인하여 많은 사람들에게 창업의 기회가 주어졌다. 하지만 창업의 기회가 많아졌다는 것이 곧 위험이 적다는 것을 의미하지 않는다는 것을 명심해야 한다. 여전히 스타트업의 실패 확률은 90%가 넘는다. ⌂

06

백오피스:
경영자에게
회사의 상황을 알려 주는
존재

스타트업은 대부분 서비스를 만들기 위한 팀으로 시작된다. 서비스를 만들기 위해서 필요한 기획자, 디자이너와 개발자가 모여서 제품을 만든다. 외주로 하는 경우도 있지만 중요한 것은 처음에는 제품이 필요하다는 것이다.

   누군가에게 가치를 제공하기 위한 첫 번째는 바로 제품이다. 스타트업이 아니더라도 비슷한 과정을 거친다. 제품을 팔기 위해서는 어떻게 해야 할까? 먼저 제품을 디자인할 사람이 필요하다. 거창하게 브랜딩까지 가지 않더라도 일단 팔 수 있는 제품은 있어야 한다. 작은 기업들의 경우 직접 제품을 만들 수 없다면 외부에서 유통이라도 해야 한다. 그러면 제품을 만들 수 있거나 혹은 고를 수 있는 사람이 필요하다. 이 경우도 역시 시작은 제품이다.

초기에는 제품을 만들고 판매할 사람만 있으면 된다. 기본적인 팀으로 말이다. 하지만 회사가 성장하게 된다면 백오피스를 구성해야 한다. 백오피스(back office)란 뒤에 있는 사무실을 의미한다. 회사는 물건을 팔아서 돈을 벌어오는 부서 외에도 다양한 기능을 필요로 한다. 조직 내의 사람들을 관리하고 채용과 해고 등을 담당하는 인사팀, 벌어온 돈을 거래처와 직원들에게 계획에 따라 지급하는 재무팀, 다양한 법적인 이슈 등을 관리하는 법무팀과 같은 조직들 모두 백오피스를 구성하는 요소들이다. 사실 법무팀까지 가지는 경우는 회사가 큰 조직인 경우가 많다. 그래서 법무와 같은 기능보다는 인사와 재무 혹은 회계와 같은 기능을 가진 팀이 더 먼저 설립된다.

하지만 이런 팀들은 필요성을 의심받는 경우가 많다. 기존의 대기업들도 이런 백오피스는 관료적으로 돌아가는 경우가 많고 상대적으로 부정적으로 인식되는 경우가 많다. 아무래도 돈을 벌어오는 영업팀과 같은 곳보다는 고정적인 일을 하기 때문일 것이다. 그럼에도 오랫동안 생존해 온 기업들이 백오피스를 단단하게 유지하는 이유는 회사가 커질수록 내부의 정보를 정확하게 아는 것 자체가 어렵기 때문이다.

연혁이 오래된 기업일수록 창업자가 오랜 세월 동안 유사한 거래를 수행하고, 성장률이 크지 않은 상태로 유지되는 경우가 많다. 똑같은 숫자와 내용을 수십 년간 보고 있으면 아무래도 회사에 대해서 잘 알 수밖에 없다. 유사한 일들이 계속 반복되기 때문이다. 하지만 스타트업의 경우는 다르다. 빠르게 변화하는 환경 속에서 한두 달 사이에 거래처가 바뀌고 심지어 사업 내용이 바뀌고 자금의 흐름도 순식간에 변하는 경우도 많다.

그렇다면 스타트업을 운영하는 경영자들은 자신의 회사에 대해서 얼마나 자세히 알고 있을까? 잘 알고 있다고 자신 있게 말할 수 있는 창업자는 거의 없을 것이다. 지금까지 만나 본 초중기의 창업자들 중 자신의 사업 모델의 수익 구조와 현재 상황에 대해 제대로 설명할 수 있는 경우는 20%도 되지 않았다. 창업자가 자신의 회사에 대해서 잘 모른다는 이야기를 해 주면 대기업에 근무하는 친구들은 그게 말이 되냐며 매우 놀란다. 말이 될 뿐만 아니라 엄연한 현실이다. 여기에는 몇 가지 이유가 있다.

첫째, 제대로 정보를 제공받지 못한다는 것이다. 대기업이 그토록 관료적이고 비대한 백오피스를 유지하는 이유는 그들도 회사의 정보를 제대로 파악하기가 그만큼 어렵다는 반증이다. 비대화된 조직과 복잡한 구조도 원인이 될 수 있을 것이다. 그럼에도 불구하고 백오피스를 구성하는 최소 인원은 있기 때문에 적어도 한 달에 한 번씩 회계 결산도 하고 수시로 내부 보고서를 통해서 회사의 현 상황을 파악할 수 있다. 하지만 스타트업은 월별로 자신의 회사의 실적을 정확히 파악하고 자금 상황을 파악할 수 있는 경우가 그리 많지 않다.

둘째, 업계 전반이 백오피스의 중요성을 깨닫지 못하고 있다는 점이다. 좋은 서비스를 만들면 사람이 몰리고, 좋은 퍼널(funnel: 잠재적인 고객이 최종 소비에 도달하여 구매에 이르기까지의 과정)을 만들고 마케팅 비용을 쏟아 넣으면 매출이 늘어난다는 사실은 누구나 알고 있다. 그리고 모든 사람이 좋은 제품과 좋은 판매에 역량을 집중한다. 물론 당연한 말이다. 회사의 가장 기본은 바로 좋은 제품이고, 좋은 제품 없이 성장할 수 있는 회사는 없다. 하지만 1인 기업이 아닌 이상 언제까지나 좋은 제품 하나에만 집중할 수는 없다.

제품이 복잡해지고 회사의 인원이 많아지면 당연히 돈이 모자라게 된다. 일반적으로 회사가 성장하면 제품을 선구매하거나 제조하는 데 더 많은 돈이 들어간다. 성장에 따라 운

전 자금이 증가하는 것은 모든 기업이 겪는 일이다. 이는 단지 스타트업만의 일은 아니다.

그래서 회사의 상황을 정확하게 파악하는 것이 더 중요하다. 아무리 좋은 서비스를 만들어도, 시장에 내놓는 것만으로는 폭발적인 성장을 할 수 없다. 버티고 이겨 내서 사람들이 구매할 때까지 계속 앞으로 나아가야 한다. 하지만 그 과정에서 자금이 부족해지고 회사가 무너지게 되면 모든 것은 의미가 없어지게 된다. 회사를 성장시키고 운영하기 위해서 제품을 만드는 것이지, 좋은 서비스를 만들기 위해서 회사를 만들고 운영하는 것은 아니다. 기본은 제품이지만 본래의 목적은 회사다. 회사의 상황을 정확하게 파악하지 않으면 서비스 자체도 의미가 사라진다.

백오피스의 역할은 이 복잡한 내용들을 경영자들이 알 수 있게 하는 것이다. 구조가 비교적 단순한 플랫폼 사업과 복잡하게 제품을 하나하나 제조하는 커머스 기업의 난이도는 차이가 날 수밖에 없다. 하지만 중요한 것은 적어도 경영자들이 자신의 회사를 정확하게 인지할 수 있는 인프라가 필요하다는 것이다. 백오피스의 기능은 그 인프라를 인적 자원을 이용해서 만들어 가는 것이다. 아직까지 모든 정보를 자동으로 집계하고 분석할 수는 없기 때문에 사람이 할 수밖에 없다.

창업 초기의 어쩔 수 없는 상황을 제외하고, 회사가 성장하게 되면 보다 탄탄한 백오피스를 만들어야 한다. 회계사와 대기업 출신 고연차 팀장으로 구성된 백오피스팀을 만들라는 의미가 아니다. 스타트업은 돈이 충분하지도 않을 뿐더러 외부에서 데려온 회계사와 고연차 팀장이 제 몫을 하리라는 보장도 없다. 핵심은 초기부터 경영진이 이러한 회사 정보의 수집과 정리의 중요성을 깨닫고 성장 단계에 맞는 프로세스를 구축하고 대안을 마련해야 한다는 것이다.

백오피스를 구성하는 데 있어 가장 우선시되어야 할 점은 본인이 회사에 대해서 모르고 있는 것이 얼마나 위험한 일인지를 깨닫는 것이다. 매일 아침 일어나서 내가 회사에 대해서 정확히 모르고 있는 점들을 적어 보고 그 모르는 정보를 어떻게 수집할지, 그리고 어떻게 보완할지 고민해야 한다. 고연봉의 인재들로 가득 찬 백오피스가 아닌, 양질의 정보를 지속적으로 생산할 수 있는 가성비 높은 백오피스를 차분하게 만들어 가야 한다. ♠

startup

07

객관성:
디테일 없는 숫자들은
왜곡을 만든다

숫자는 어느 지역에 가도 통한다. 1이라는 숫자가 2를 의미하는 지역은 없다. 한번 숫자를 배우고 쓸 수 있다면 어느 지역이나 시간에 관계없이 유사한 의미로 사용할 수 있다. 하지만 이러한 절대성은 결과치에만 부여된다는 것이 문제다. 실제로 그 숫자가 도출되는 과정에서 변수가 많아지면 이 같은 절대성이 깨지고 만다. 특히, 그 숫자가 의미하는 대상이 무엇인가로 질문이 바뀐다면 절대성은 더 이상 존재하기 어렵다.

회사를 둘러싸고 있는 숫자들도 이와 비슷하다. 재고 금액, 매출 채권, 작년 매출액 등과 같은 숫자들 말이다. 하지만 '이 회사의 가치는 얼마인가'로 질문을 바꿔 본다면 어떨까?

회사의 가치는 숫자로 나타난다. 그러나 회사의

가치가 절대적인 것은 아니다. 숫자는 대부분 고정되어 있지만 회사의 가치는 실시간으로 변한다. 특히나 수요와 공급이 공존하는 자본 시장에서는 수시로 달라진다. 오늘의 종가는 어제의 종가와 다를 수도 있다. 한 시간 전 회사의 시가 총액도 현재와 다를 가능성이 높다. 거래가 아예 없는 기업을 제외한 상장된 모든 기업의 가치는 계속 변한다.

그렇다면 자본 시장에서 주식이 거래되지 않는 비상장 기업의 주식 가치는 어떨까? 유니콘이 된 스타트업들의 가치를 생각해 보면 된다. 유니콘이 되기 위한 조건은 간단하다. 기업 가치를 1조 원 이상으로 평가받아 외부 투자자에게 투자를 유치하면 된다. 즉, 소수의 외부인 투자자가 평가하고 투자한 결과만 있으면 되는 것이다. 이 지표가 과연 객관적일까? 실제로는 주관적일 가능성이 높지만, 높은 전문성을 가지고 투자한 투자자의 판단에는 전문성이 있으므로 객관적인 편이라고 말할 수도 있다. 하지만 당연히 상장 주식의 가치처럼 객관적이지는 않다.

회사를 사고파는 프로젝트에 참여해서 중개를 해 보면 매수자와 매도자의 생각이 같은 경우는 거의 없다. 당연히 파는 사람은 자신의 회사를 비싸게 평가하고, 사는 사람은 대상 회사를 싸게 평가하려고 한다. 프로젝트의 진행 과정 중에 스스로 평가한 가치들은 논리적인 이유들을 토대로 계산되고, 그 과정에는 회계사와 같은 전문가들이 참여한다. 최소한 3년간의 재무 정보와 최신의 트렌드를 정리한다. 그리고 전통적인 회사의 가치 평가 방식을 활용하기 위해 회사의 비지니스 모델을 토대로 미래의 현금 흐름을 추정하고, 유사한 상장 회사들의 시장 가치에 견주어 회사의 가치를 평가한다. 하지만 마지막에 파는 사람이 "야! 이 가격에는 안 팔아!"라고 한다면 모든 과정은 끝난다.

한정된 딜에서는 매도자와 매수자가 생각하는 가격이 바로 그 회사 혹은 대상물의 가치가 된다. 숫자가 어찌되었든, 실적에 문제가 있었든 안 팔면 그만이다. 무조건 팔고 싶은 사람은 가치를 낮추어서라도 결과를 만들어야 되기 때문에 때로는 실제 가치보다 가격이 지나치게 내려가기도 하고, 경기 과열기에는 가치가 너무 높게 평가되기도 한다. 이러한 불균형은 시장이 커지고 참가자가 많아지기 전까지 해결되지 않는다. 그래서 대부분 회사의 매각 과정에서 나오는 숫자들은 지나치게 주관적이기 쉽다. 하지만 큰 문제가 발생하지 않는 이유는 이런 불균형으로 인하여 피해 보는 이해관계자가 많지 않기 때문이다. 또 너무 비싸면 안 사면 되고, 안 사면 자연스럽게 가격이 내려가는 구조가 되어야 시장 원리가 작용할 수 있으므로 누군가가 불균형을 해결해야 할 필요는 없다. 그래서 시장에서 나오는 숫자들은 언제나 주관적이고 왜곡될 수밖에 없다.

이처럼 교실 안에서의 숫자와 교실 밖에서의 숫자가 성격이 다른 것은 바로 숫자가 만들어지는 과정 때문이다. 수학에서 사용되는 숫자들이 도출되는 과정들은 대체로 절대적이다. 논리 관계가 명확해서 지식이 있다면 누구나 인과 관계를 따져서 맞고 틀림을 살필 수 있다. 하지만 사회에서 통용되는 숫자들은 그렇지 않다. 숫자의 도출 과정에서 너무나 많은 변수들이 포함된다.

누군가의 욕심이나 목적으로 통계와 같은 숫자들은 왜곡되고, 힘의 균형에 의하여 시장가는 때로는 높게, 때로는 낮게 형성된다. 이런 결과들을 숫자 하나로 객관적이라고 이야기할 수 있을까? 겉으로 보이는 숫자 하나만으로 모든 것을 결정하기에는 정보가 너무 적다. 그래서 숫자들은 항상 결과를 뒷받침해 줄 이유와 과정들로 구성된 내러티브가 필요하다. 그래야 이 숫자들이 어떻게 생겨났고, 무엇이 문제인지, 그리고 현재 상황을 정확하게 파악하고 있는지 알 수 있다.

미디어에서 보여 주는 숫자들과 기업들이 발표하는 실적

들, 그리고 '우리는 얼마예요!'라고 외치는 기업들의 목소리를 들으면, 먼저 '왜'를 떠올려야 한다. 그들이 어떻게 가치를 만들어 내고, 그것이 무엇을 의미하는지, 그리고 그들의 가치는 왜 그렇게 높게 평가되었는지 파악해야 한다. 눈에 보이는 결과만 믿는다면 정보의 비대칭이 판치는 세계에서 희생자가 될 수밖에 없다. ♠

08

시너지:
헛된 기대의
함정에
빠지지 말자

옐로모바일(Yellow Mobile) 사건*이 한국 사회에 끼친 나쁜 영향 중 하나는 바로 기업을 인수해서 사업을 확장하는 전략을 매우 부정적인 이미지로 만들었다는 것이다. 그렇지 않아도 한국에서는 기업을 인수해서 무엇인가를 해 보려는 작전 세력들이 많아서 사회적인 통념이 좋지 않은데, 옐로모바일이 거기에 기름을 부은 것이다.

하지만 옐로모바일 사건 이후에도 이런 시도들은 계속되었다. 최근에는 다양한 소규모 브랜드들을 인수하여 규모를 키우고, 수익률을 극대화하려는 브랜드 애그리게이터(Brand Aggregator)라는 스

---

* 옐로모바일이라는 스타트업은 단기간 M&A를 통한 기업 인수로 쿠팡에 이어 한국의 두 번째 유니콘이 되었다. 유니콘이 된 이후 옐로모바일은 감사 의견 거절을 받았다.

타트업도 생겨났다. 옐로모바일의 사례를 보고 손사래 치던 투자자들은 이런 전략에 어떤 반응을 보였을까? 재미있게도 유망한 브랜드 애그리게이터들이 수십억 원에서 수백억 원의 투자금을 유치했다.

기업을 인수해서 숫자를 만들고 사업을 확장하는 것은 꽤 검증된 전략이다. 회사를 사고파는 과정을 중개하는 일에서 자문 전문가의 시각은 거래의 종료에 맞춰져 있다. 자문의 입장에서 중요한 것은 거래가 완료되는 것이다. 그래야 성공 보수를 얻을 수 있기 때문이다.

회사 입장에서는 어떨까? 회사는 거래가 끝난 이후부터가 시작이다. 인수를 완료하고 난 뒤 이제 본격적으로 전략을 세우고 자신의 회사로 만드는 작업을 거쳐야 한다. 이 과정을 PMI(Post Merger Integration: 인수 후 통합)이라고 한다. 실제로 어떻게 회사를 통합하고 운영할 것인지는 인수하기 전 실사 단계에서 윤곽이 정해진다. 인수 뒤에 어떤 식으로 운영을 하고 리더로 누구를 투입하고, 어떻게 통제를 할 것인지 세부적인 구성을 완료하게 된다.

기업을 인수하는 과정이 짧은 시간에 많은 일이 선명하게 일어나는 과정이라면, PMI는 정반대이다. 단순한 시스템의 통합이나 정책의 발표 등은 짧은 시간에 일어나지만 회사를 실질적으로 운영하면서 성과를 내는 과정은 매우 길고, 결과의 인과 관계도 선명하지 않다. 수많은 변수가 발생하는 것이다.

이 과정에서 회사가 가지고 있던 애초의 계획은 퇴색된다. 특정 목적을 위해 기술만 인수하거나 공장 부지를 사는 등의 전략은 바로 시너지를 낼 수 있다. 부족한 부분을 바로 채워 주는 역할을 하기 때문이다. 하지만 두 개의 회사가 유기적인 결합으로 시너지를 만들며 하나의 목표를 향해서 달려가는 과정은 쉽지 않다. 각 조직이 가지고 있는 특징과 한계가 버무려지면서 다양한 마이너스 효과들을 만들어 내기 때문이다. 그만큼 PMI 과정은 어렵다.

하지만 그럼에도 불구하고 많은 기업들이 인수를 통해 성장을 선택하는 것은 이유가 있다. 개별적인 효과가 분명하기 때문이다. 이러한 전략을 많이 실행하는 회사들이 있다. P&G, 로레알, LVM과 같은 소비재 중심 기업들은 개별 브랜드를 가진 기업들을 지속적으로 인수한다. 성장에 확실한 효과가 있기 때문이다.

개별 브랜드들이 모여서 가지는 시너지도 분명히 있을 것이다. 하지만 그것보다 더 확실한 것은 개별 브랜드들이 가지고 있는 가치다. 시너지라는 막연한 가치에 희망을 걸기

보다는 백 원을 주고 인수한 브랜드가 천 원이 되고 만 원이될 것을 예상하고 기업을 인수하는 것이다. 이보다 더 확실한 계산법이 어디에 있겠는가?

막연한 전략은 실패할 가능성이 높다. 물론 엄밀하게 숫자로 정해 놓은 전략들도 대부분은 목표치를 벗어난다. 예상하는 숫자들은 말 그대로 예상일 뿐이기 때문이다. 대신 운영상에서 발생하는 결과와 비교를 통하여 무엇이 문제인지를 파악할 수 있다. 기업을 인수해서 성장하려는 전략도 이와 마찬가지다. 모호한 시너지를 목표로 기업 인수를 추진해서는 안 된다. 확실하게 개별 기업의 성장을 통한 투자금 회수를 목표로, 마치 전문 투자자들이 투자하듯이 기업을 인수하면서 숫자를 비교해 나가야 한다. 그래야 궁극적인 목표인 시너지도 발생할 가능성이 크기 때문이다.

시너지라는 모호한 단어들이 깨지고 부딪히는 이유는 사람이 문제인 경우가 많다. 각 조직에 속한 사람들이 자신의 생존이라는 목적을 위해서 힘의 균형을 유지시키거나, 한쪽으로 기울어지는 경우도 많기 때문이다. 그래서 시너지는 기업 인수를 위한 첫 번째 목표가 되어서는 안 된다. 일반 기업들의 인수 전략에서 시너지는 앞장이 아닌 첨부에 붙여져야 하는 것이다. ♠

startup

09

M&A:
매우 복잡한 물건을
비싸게
거래하는 방법

내가 세운 회사를 파는 일은 경험하기 쉽지 않다. 투자업에 종사하거나 자문 업무를 하는 등 관련 업무를 하지 않는 이상 기업 인수와 매각의 과정은 생소하게 느껴지는 게 사실이다. 하지만 사고 파는 과정과 매각 매수의 대상에 대한 이해를 하게 된다면 어떻게 일이 진행되고 있는지 파악할 수는 있다.

먼저 환경을 생각해 보자. 일반적인 물건이 거래되는 시장은 정보가 매우 공정하다. 신발이나 가방과 같은 제품은 손쉽게 접할 수 있으며, 내가 직접 걸쳐 보면서 나와 어울리는지 볼 수도 있다. 하지만 기업은 그렇지 않다. 공시가 되어 있는 기업이라도 내부 정보를 모두 공개하는 것은 아니며, 숨겨져 있는 리스크들도 모두 나타나지는 않는다. 하물며 공시가 안 된 작은 기업들은 정보를 아예 모르는 경우도 많다. 이처럼 불확실성이 높은 기업이 사고파는 대상이 되는 것이다. 그래서 사는 사람도 불안하고 파는 사람도 불안하다.

경영자들은 일반적으로 자신의 회사에 대해서 잘 알고 있을까? 회사가 가지고 있는 세부 리스크에 대해서 제대로 설명할 수 있는 경영자는 많지 않다. 대부분의 경영자들은 회사를 운영하는 데 필요한 지식만을 가지고 있다. 문제가 발생하면 전문가들을 투입해서 문제를 파악하기 때문에 경영자들도 자신의 회사에 대해서 100% 알고 있다고 말하기 힘들다. 특히 이 회사를 인수하는 데 있어서 어떤 문제가 발생하는지에 대해서 답해 줄 수 있는 경영자는 많지 않을 것이다.

그래서 회사를 인수하기 위해서는 상호 간 협의 하에 실사(due diligence)를 거치게 된다. 일반적으로는 재무 실사(FDD: Financial Due Diligence)라는 과정을 거쳐서 재무적인 측면에서 회사를 분석하지만, 세무 실사(TDD: Tax Due Diligence)와 법률 실사(LDD: Legal Due Diligence)도 거치게 된다. 그리고 회사의 운영 측면과 비즈니스 측면에서도 실사가 필요하다면 영업 실사(CDD: Commercial Due Diligence)

도 수행하게 된다.

문제는 이렇게 여러 번 실사를 실시해도 회사에 대해서 온전히 알 수가 없다는 것이다. 단적으로 이야기해서 10년간 운영해 온 회사를 한 달 만에 모두 파악하는 게 가능하겠는가? 만약 회사가 자료를 제대로 제출하지 않았다면 이런 부분은 어떻게 해결할 것인가?

실제로 실사를 통해서도 회사를 100% 알 수 없기 때문에 최종적인 계약서에는 진술과 보장(Reps & Warranty)이라는 항목을 넣게 된다. 현재 진술한 내용을 매도자가 보증하며, 제출한 자료의 완전성을 보증한다는 것이다. 만약 서로 간에 예상하지 못한 문제가 발생한다면 이 부분에 대해서는 손해 배상을 청구할 수 있는 항목도 계약서에 넣을 수밖에 없는 것이다.

그런데 매수자는 좋은 회사를 싸게 사고 싶을 것이다. 하지만 싸고 좋은 회사는 존재하지 않는다. 누구라도 자신의 좋은 회사를 싸게 내놓지는 않을 것이다. 그런 딜은 실제로 세상에 존재하지 않는다. 사는 입장에서 최선책은 좋은 회사를 너무 비싸지 않은 값에 사는 것이다.

'싼 게 비지떡'이라는 말이 있다. 이 말은 경제의 원리가 적용되는 모든 사물에 적용된다. 비정상적으로 싸게 나온 기업은 대부분 문제가 있다. 문제가 있기 때문에 사람들이 사기를 꺼려하고 값은 싸게 나올 수밖에 없는 것이다. 그래서 회사를 사기 위한 의사 결정을 할 때 가장 중요한 첫 번째 질문은 '왜 회사를 팔려고 하는가'이다. 회사를 팔려고 하는 이유가 무엇인지에 따라 뒤에 나오는 자료들의 성격이 달라진다.

승계의 문제로 원치 않는데 매물로 나온 회사가 있다고 생각해 보자. 팔고 싶지는 않은데 창업자는 고령이고, 자식은 승계를 원하지 않으니 급하지 않더라도 파는 게 중요한 상황일 것이다. 이런 경우 매우 비싼 가격보다는 매각되는 속도가 중요할 수 있다. 이러한 상황에서는 모든 사람들이 좋아하는 적정한 금액에 좋은 회사가 나올 수도 있겠지만 이는 일반적인 경우는 아니다.

회사를 사려는 사람에게도 '왜'는 중요하다. 왜 사려고 하는지가 명확해야 끝까지 포기하지 않고 완주할 수 있다. 그리고 '왜'에 따라서 지불할 금액이 달라지기도 한다. 결국 프로젝트가 성공적으로 끝나는가 아니면 중간에 깨지는가에 대한 답은 서로의 마음 속에 존재하는 금액에 있기 마련이다. 금액 차가 크면 모든 딜은 깨질 수밖에 없다.

사려는 사람에게나 팔려는 사람에게나 이유는 중요하다.

결국 파는 사람에게 남는 것은 돈밖에 없는 경우가 대부분이며, 사는 사람은 잘못된 금액을 지불하고 샀다가 큰 곤욕을 치르는 경우도 많다. 비싼 돈을 주고 인수를 감행했다가 추후 자금 문제로 인하여 모기업까지 무너지는 대기업의 사례도 흔하게 볼 수 있다. 이를 승자의 저주라고 부른다. 마치 교과서에 나오는 전형적인 용어처럼 보이지만, 실제로 승자의 저주에 시달리는 기업들은 매우 흔하다. 아마 기업이 망가지는 순위로 따지면 1순위가 아닐까 싶다. 이는 큰 기업뿐 아니라 작은 기업들도 흔하게 저지르는 실수다.

서로 간에 불확실성을 제거하고 금액을 맞춰 보는 과정을 통해서 딜이 진행된다. 이 과정에서는 중간에 자문하는 전문가들이 들어가게 되는데, 자문 전문가들을 불필요하게 보는 사람들도 있다. 하지만 생각보다 중간에서 자문하는 사람들은 꽤 중요한 역할을 한다.

자신이 가지고 있는 자산을 평가하고 사고파는 과정에서 가격 차이가 크게 되면 감정 싸움으로 번지고 쉽게 딜이 깨지는 경우가 많다. 자문 전문가는 그런 과정의 완충 작용을 해 준다. 일반인들의 경우 이런 과정을 접할 기회가 많지 않기 때문에 전문적인 지식을 가지기 어려운 경우가 많다. 만약 회사 내부에 리스크를 충분히 파악할 수 있을 만큼의 축적된 지식과 경험이 있는 인원이 있다면 그 사람이 업무를 담당하면 된다. 하지만 대다수의 기업들은 그런 내부 인원을 보유하고 있지 않기 때문에 완충 작용을 할 수 있는 사람을 고용해야만 일을 원활하게 끝낼 수 있다.

회사를 인수하는 과정은 일반적인 매매 과정과는 다른 요소들이 존재하지만 기본적으로는 무엇인가를 사고파는 과정이라는 점에서 동일하다. 사고팔 때 가장 중요한 것은 역시나 가격이다. 가격이 깨지면 모든 것이 깨진다. 내가 가진 소중한 것을 싸게 팔고 싶어 하는 사람은 없다. 그리고 반대로 쓰레기를 비싼 돈을 주고 사려는 사람은 없다. 이러한 원칙들을 알고 프로젝트를 진행하게 된다면 회사를 사고파는 과정에서 발생하는 잡음들이 조금은 이해가 될 것이다. ♠

startup

10

엑시트:
목표가 되어서는
안 되는 목표

창업을 하는 사람들에게 엑시트는 꿈 같은 목표다. 수백억에서 수천억에 이르는 돈을 한 번에 만질 수 있다니. 힘겨웠던 그동안의 일들이 모두 잊힐 만큼 상상만 해도 기분 좋은 일이다. 큰 부자가 되고 이제는 더 이상 고생은 없을 듯하다. 그래서 창업을 하는 대다수 사람들의 목표는 엑시트이다.

엑시트가 궁극적인 목표가 된 것은 사실 그리 오래된 일은 아니다. 과거의 유명한 기업가들을 생각해 보자. 그들이 과연 회사를 팔고 싶어서 창업을 했을까? 아마도 회사를 만들 때는 그런 생각을 하지 않았을 것이다.

엑시트라는 단어가 유행하기 시작한 것은 1990년대 말 인터넷 버블 시기 이후 성공적으로 큰돈을 번 창업자들이 미디어를 통해 알려지면서부터이다. 그 당시에도 대규모 모험 자본들이 기업들에 투자하였고, 수많은 기업들이 생겨나고 또 사라졌다. 실패한 창업자들도 있지만 성공적으로 회사를 매각하고 거액의 손에 넣은 창업자들도 많았다. 이후 엑시트한 창업자들은 모바일 버블 시대에 초기 기업들에 투자하는 엔젤 투자가가 되었다. 창업자가 투자가가 되고 다시 창업자에게 투자하는 선순환 구조가 생겨난 것이다.

이런 선순환 구조가 만들어진 배경에는 모험 자본이 있다. 인터넷 버블 시대에 주로 생겨난 모험 자본들은 사람들이 돈을 버는 방식을 변화시켰다. 이전의 창업자들은 회사를 만들고 세금을 절약하면서 어떻게 하면 월급을 많이 가져갈지 연구해야만 했다. 누군가에게 회사를 매각해서 거액을 만질 수 있다는 사실을 알지 못했으니 말이다. 누구에게 팔 수 있는지도 몰랐고, 자신이 애착하는 회사를 판다는 것은 생각하지도 못했다. 그렇지만 이제는 창업을 하려는 거의 대다수의 사람들이 엑시트를 목표로 하는 시대가 되어버렸다. 금융이 사람들의 머릿속을 바꿔 놓은 것이다.

문제는 여전히 사람들은 엑시트라는 목표에 대해서 환상만을 가지고 있을 뿐이라는 것이다. 어떻게 해야 엑시트라는 목표를 이룰 수 있을지 정확히 알지 못하기 때문이다. 언젠가는 엑시트할 수 있다는 희망만이 가슴속에 있을 뿐이다. 엑시트라는 목표를 이루기 위해서 무엇을 해야 하는지 모르는 경우가 대부분이다.

이 문제에 답을 하기 위해서 엑시트가 무엇인지 정의부터 내려야 한다. 엑시트는 내가 가지고 있는 회사의 주식과 같은 자산을 누군가 필요한 사람에게 소유권을 이전하고 그 대가로 금전을 수취하는 행위를 의미한다. 당연히 매각 대상이 되는 자산은 그 누군가에게는 가치가 있어야 한다. 매수자가 더 큰 가치를 만들어서 또 다른 누군가에게 팔 수도 있고, 혹은 자신의 현재 사업에 쓸 수도 있기 때문이다. 매수자는 이런 구매 행위를 위하여 자신이 보유한 자금을 사용하거나 혹은 타인에게 자금을 조달해야 한다. 즉, 매수자도 막대한 대금을 지급하기 위하여 리스크를 감수할 수밖에 없다. 매도자는 본인의 자산을 팔아버리면 끝이지만 해당 자산으로 다시 가치를 만들어 내야 하기 때문에 신중할 수밖에 없다. 그래서 어떤 목적으로 자산을 이용할지에 따라서 또다시 매수자의 종류는 달라지게 된다.

그렇다면 창업자는 엑시트를 위해서 무엇을 해야 할까? 당연히 누군가에게 가치 있는 회사를 만드는 것이 첫 번째 일이 되어야 한다. 그렇다면 가치 있는 회사는 무엇인가? 사려는 사람에 따라서 용도는 다를 수 있다. 누군가에게는 특정한 기술을 보유한 회사일 수도 있고, 다수의 거래처나 판매 채널을 가진 회사일 수도 있다. 하지만 일반적으로는 높은 매출과 이익을 보유하고 지속적으로 성장을 할 수 있는 회사가 바로 가치 있는 회사이다. 그리고 매도자의 손을 떠나 매수자가 회사를 독립적으로 운영해도 아무런 문제가 발생되지 않을 만큼 체계가 잡혀 있는 회사를 의미하기도 한다.

물론 매출이 높고 이익을 내는 회사만 팔리는 것은 아니다. 버블 시대와 같은 호황기에는 자금을 조달하는 것이 어렵지 않아서 시중에는 딜이 넘쳐났다. 사고자 하는 매수자들의 수요가 넘쳐나니 그다지 가치가 없어 보이는 회사들도 비싼 값에 팔리기도 했다. 하지만 불황기에는 정반대의 현상들이 발생할 수밖에 없다. 불황기에는 다들 현재의 숫자에 집중한다. 미래의 숫자와 같이 불확실성이 높은 사실에는 다들 관심이 없다. 현재의 매출이 얼마나 지속가능하고 이익을 유지할 수 있는 구조가 되는지에만 관심을 가진다. 그리고 당연히 팔려는 회사들은 넘쳐나지만 사고자 하는 회사는 적을 수밖에 없기 때문에 회사의 가치는 낮을 수밖에 없다. 그렇기 때문에 대부분의 엑시트는 경기가 극도로 호황기일 때 많이 일어난다. 경기가 좋았던 최근 몇 년간은 엑시트한 사람들이 부쩍 늘었을 것이다. 하지만 불경기가 되면 엑시트의 횟수는 자연스럽게 줄어들게 된다.

내가 좋은 회사를 만들었어도 시대의 흐름에 따라서 엑시트가 가능할 수도 있고, 가능하지 않을 수도 있다. 혹은 누군가에게 쓸모 있었던 기술이 갑자기 사라져 버릴 수도 있다. 이처럼 변화하는 환경에서 창업자는 엑시트라는 목표는 영향을 받을 수밖에 없다. 그렇다면 과연 창업의 목표를 엑시트로 잡는 것이 옳은 것일까? 주변 환경에 따라 흔들릴 수밖에 없는 목표를 가지고 가면 늘 불안할 수밖에 없다.

엑시트와 IPO(Initial Public Offering, 기업공개) 중에서 어떤 것을 목표로 해야 하는가를 묻는 창업자들에게 나는 항상 똑같은 대답을 해 준다. 둘 다 목표가 될 수 없다고 말이다. 회사를 키워 가면서 때가 되면 의사결정을 해야 되는 상황이 온다. 자본 시장에서 자본 조달을 할 수 있을 만큼 회사가 성장하게 된다면 당연히 많은 기업들이 상장을 위한 준비를 도와주려 할 것이다. 혹은 우리 회사가 누군가에게 가치가 있는 회사가 된다면 누군가 찾아올 것이다. 회사를 팔 생각이 없냐고 말이다. 둘 중 하나를 오래전부터 결정하고 있을 필요는 없다. 때가 오면 본인의 상황에 따라, 그리고 주어진 현실에 따라서 결정을 내리면 된다. 사업을 계속하면서 더 크게 키워 보고 싶은 사람은 IPO를 선택하여 기업을 공개해 자금을 모집하면 되고, 더 이상 회사를 키우고 싶지 않고 새로운 무엇인가를 계획하고 싶다면 엑시트를 하면 된다. 중요한 것은 그 둘을 결정할 수 있을 만큼 회사가 준비가 되어 있는지 여부다. 매수자가 회사를 사거나 혹은 자본 시장에서 매력적으로 자본이 모일 만큼 충분히 멋진 회사가 되었는지 말이다. 그런 상태가 아니라면 고민할 필요가 없다.

창업자에게 단기 목표는 보다 가시적이어야 한다. 눈앞에 보이고 따라잡을 수 있으면서 추적할 수 있어야 하는 것이다. 눈에 보이지 않는 희망들은 먼 미래의 이야기다. 먼 미래의 이야기들은 우리가 상상할 수 있지만 따라잡을 수는 없다. 당장 한 달 앞의 변화에 의해서 향후 1년의 환경이 어떻게 변할지도 예측할 수 없는데, 어떻게 먼 미래를 알 수 있겠는가? 목표에 대한 가장 큰 오해는 먼 미래의 목표로 인해서 현재의 단기적인 목표가 결정된다는 생각하는 것이다. 목표는 오히려 그 반대가 되어야 한다. 당장 눈앞의 목표, 1년간의 목표에 의해서 먼 미래의 목표들은 계속 변화할 수밖에 없다. 그래야 보다 현실감 있는 목표가 되고 실현 가능성도 높아진다.

그러므로 창업자에게 엑시트는 언젠가는 결정할 수 있는 의사 결정의 선택지 정도여야 한다. 회사를 팔기 위해서 사업을 한다면 아마 중간에 지쳐버리거나 방향을 잘못 잡을 가능성도 높다. 또는 변화하는 환경과 자신의 목표가 달라지는 현상들에 멘탈이 나갈 수도 있다. 언제나 현실은 이상보다는 훨씬 가혹하기 마련이기 때문이다. 하지만 단기적으로 앞만 보고 달려간다면 그렇게 지치지 않을 수도 있다. 하루하루, 한 달, 그리고 일 년씩 성장해 가는 목표를 통해서 오히려 생각했던 것보다 엑시트라는 목표에 더 빨리 도달할 수 있을 것이다. ♠

11

전문가:
실력만큼 중요한 것은
신뢰

한국에는 유독 기업 인수 시장에 사기꾼이 많고, 인식도 좋지 않다. 그 이유는 바로 회사를 사고파는 일에 대한 별도의 검증 작업이 없기 때문이다. 어깨 너머로 일이 어떻게 돌아가는지 배울 수도 있고, 몇 년 따라 하다 보면 대충 할 수 있을 것 같아 보이기도 한다. 회사를 사고파는 일의 본질이 물건을 사고파는 것과 완전히 다르지는 않아서 노하우를 알면 얼추 흉내를 낼 수 있기 때문이다. 다만, 회계나 세무 혹은 특정 분야의 지식을 갖추지 않는다면 거래 과정에서 일어나는 리스크를 제대로 파악할 수가 없어서 큰 위험에 직면하게 되는 경우도 있다. 그래서 되도록 제대로 일을 해 본 사람과 프로젝트를 진행해야 한다.

하지만 금융권이나 회계 법인과 같은 곳의 생태

계를 잘 모르는 사람이 이런 과정을 검증하기는 쉽지 않다. 어떤 사람이 일을 잘하는지 어떻게 알 수가 있을까? 이것은 마치 비개발자 출신이 개발자를 평가하는 것과 같다. 과거에 무슨 프로젝트를 진행해 왔다고 말하면 먼산을 바라보듯 듣고 있을 수밖에 없다. 누군가를 평가하기 위해서는 그만한 지식을 갖춰야 하는데, 그것마저도 쉽지 않기 때문이다.

이 문제는 비단 회사를 사고파는 문제에서만 국한된 것은 아니다. 단순하게는 사업하면서 만날 수밖에 없는 전문가들을 검증하는 데서도 발생한다. 사업을 하게 되면 반드시 세금에 대한 문제가 발생하거나 질의가 필요하고, 기업의 재무 상황을 파악하여 정리해야 하는 일이 발생한다. 이때 회계사 또는 세무사가 필요하고, 각종 송사가 발생하거나 법적으로 처리해야만 하는 일이 생기면 변호사와 이야기해야 한다.

거래가 끝나고 계약서를 들쳐 보는 일이 발생하는 경우는 두 가지가 있다. 첫 번째는 잔금일과 같은 대금 지급과 관련된 일을 마무리하기 위해서이고, 두 번째는 예상하지 못한 분쟁이 발생하는 경우다. 일이 막장으로 치닫기 시작하면서 계약서를 꺼내어 보면 때가 늦은 경우가 대부분이다. 그래서 중요한 일은 변호사와 사전에 먼저 만나서 이야기를 나누는 것이 좋다.

　마지막으로 필요한 전문가는 노무사이다. 한국의 노동법은 생각보다 까다롭고, 의외로 사업자에게 상당히 불리하게 되어 있는 경우가 많다. 초보 사업가들은 직원을 가족같이 생각하며, 우리에게는 아무런 문제가 없을 것이라고 호언장담하지만 마지막 순간에는 결국 직원과 회사는 계약 관계로 맺어진 사이라는 것을 알게 되는 경우가 많다. 그리고 대부분 혹독한 대가를 치르게 된다.

　회계사, 변호사, 노무사는 사업을 하면서 필수적으로 만나게 되는 사람들이다. 이외에도 다양한 분야의 사람들이 많다. 회사를 매각하는 데 필요한 전문가도 있고, 특정 분야의 일들을 처리하기 위한 사람들도 많다. 그렇지만 회계사, 변호사, 노무사는 사업하는 사람이라면 누구나 만나게 되는 전문가이다.

　그럼 이들을 어떻게 활용해야 좋을까? 가령 인수 전문가를 활용한다고 해 보자. 문제는 내가 해당 분야에 대한 지식이 전무하다는 것이다. 지식이 전무하다면 그 사람의 영역을 제대로 평가할 수 없을 것이다. 가장 확실한 것은 내가 정말로 믿을 수 있는 사람을 쓰는 것이다. 그렇다면 이 사람의 실력은 어떻게 평가할 수 있을까? 다시 한번 말하지만 평가를 제대로 하기는 어렵다. 하지만 정말로 내가 잘 알고 나와 길게 갈 사람이라면 자신의 분야에 대한 냉정한 피드백을 줄 것이다. 만약 그가 내가 필요로 하는 분야의 전문가라면 가장 좋고, 그렇지 않다면 다른 분야의 사람을 소개해 줄 수 있다. 내가 정말 믿을 수 있는 사람인데 얄은 수를 쓰면서 돈을 벌고자 나에게 접근해서 일을 망쳤다면, 그것은 그 사람이 문제가 아니라 나의 문제이다. 내가 믿을 수 있는 사람이 그 정도인 사람밖에 없다면 앞으로 험난한 사업의 길을 어떻게 헤쳐 나갈지 고민해 봐야 한다.

옐로모바일에서의 경험은 제대로 된 전문가를 활용하는 것이 얼마나 중요한지를 알게 해 주었다. 운영하던 자회사 중 하나를 정리하는 단계에서 과거에 회계 용역을 맡겼던 분에게 회사를 정리하기 위한 결산을 부탁드렸다. 직접적으로 아는 사람은 아니었고, 계열사의 한 CFO가 추천한 회계사였다. 그동안 쌓아 온 커리어도 훌륭하고 경험도 풍부하신 분이었다. 대형 회계 법인에서 일하다가 로컬 회계 법인으로 자리를 옮겨서 일을 하고 있었던 것으로 기억한다. 나와 직접적인 관계는 없었지만 한두 다리를 건너면 겹치는 지인이 많아 거의 아는 사이라고 볼 수 있지 않을까 생각했다.

하지만 어느 순간부터 모 회사에서 용역 대금의 지급이 한두 번 밀리는 것을 보더니 말도 없이 프로젝트를 마무리하지 않고 그냥 손을 놓아 버린 것이다. 물론 돈을 주지 않는 등의 문제가 생길 것 같으면 언제든지 그럴 수도 있다고 생각한다. 특히 대금이 지급되지 않는 것은 상대방에게도 심각한 문제를 초래할 수 있기 때문이다. 그렇지만 아직 우리 프로젝트는 제대로 시작을 하지도 않은 상태였기 때문에 그런 문제가 발생할 리가 없었다. 회계 감사를 불과 한 달 반 정도 앞두고 있었기 때문에 나는 마음이 급했다. 일정을 정리해 보니 지금쯤이면 이미 결산이 끝나고 미비한 점들을 보완하는 절차를 진행하고 있어야 했다. 하지만 우리는 결산조차 되지 않은 상태였던 것이다.

더 큰 문제는 프로젝트가 중단되는 과정이었다. 그분은 마치 일을 진행할 것처럼 말을 하면서 프로젝트의 중단 의사를 명확하게 전달하지 않았던 것이다. 일을 바로 마무리할 수 있으니 일주일 뒤에 착수하겠다는 말을 계속하며 시간을 끌었고, 최종 기한까지 일을 시작하지 않았다. 물리적 시간이 없음을 판단한 나는 급하게 후배 회계사에게 부탁을 해 촉박한 시일 내에 일을 끝낼 수 있었다. 그리고 그분은 말도 없이 조용히 그 회계 법인을 떠나서 다른 곳으로 갔다. 나와 회사에게는 어떠한 이야기도 없었다.

그동안 여러 회계사들과 일하면서 신뢰를 어기는 일을 경험해 보지 않았던 나에게는 엄청난 충격이었다. 누구나 알 만한 커리어를 쌓아 온 회계사가 이렇게 뒤통수를 칠 수 있을 거라는 생각을 해 보지 못했던 것이다. 대기업과 대형 회계 법인에서 일해 왔던 나로서는 자신이 맡은 프로젝트를 아무렇지도 않게 버리고 앞으로도 만날 수 있는 사람의 뒤통수를 치는 행동을 하는 상황이 너무나 놀라웠다. 하지만 나중에 알고 보니 이런 일은 비일비재한 것이었다.

사업을 오래한 분들에게는 이상한 고집이 있다. 사람에 대한 고집이다. 쉽사리 사람을 믿지 않고 오랫동안 믿었던 사람들과 계속 일을 하려는 경향이다. 물론 새로운 기회들을 발견하고 다양한 파트너들과 일을 하는 데는 거리낌이 없다. 하지만 최악의 리스크를 피할 수 있도록 마지막을 담당하는 전문가들은 꼭 자신과 오래된 사람들을 쓴다. 나를 절대로 배신하지 않고, 나와 손발을 맞춰서 일을 해본 사람들을 고집하며 그 사람이 전문가가 아닐 때에는 그 사람이 추천한 사람을 믿는 이유가 바로 그것이다.

'에이, 설마 그런 일이 발생하겠어?'하고 방심하면 그 일은 반드시 일어나기 마련이다. 특히나 사업을 처음 해 보거나 경험이 많지 않은 창업자들에게 흔히 일어나는 실수다. 문제는 이 실수가 단순한 실수로 끝나지 않고 가끔은 회사를 망치는 치명타로 이어지는 경우도 있다는 것이다.

창업자들에게는 의지할 수 있고, 믿고 함께 논의할 수 있는 전문가 네트워크가 중요하다. 포털에 검색하면 나오는 수많은 전문가들이 있다. 하지만 그 사람의 커리어만으로는 믿을 수 없다. 적절한 보수와 일정이 주어진다면 프로젝트의 진행은 문제가 없을 수도 있다. 하지만 촉박한 시간과 말도 안 되는 상황에서도 문제 해결을 도와줄 수 있을까? 그런 인간 관계를 만들기 위해서는 다급한 상황에 놓여서 움직여서는 안 된다. 평소에도 이야기하고 논의하고 만나고 서로 간의 관계를 만들어야 한다. ♠

12

투자자:
가족, 친구가 아닌
공생 관계

스타트업이라는 환경을 구성하는 요소들은 매우 다양하다. 먼저 무에서 유를 만들어 가는 창업자가 있고, 창업자에게 돈이라는 에너지를 공급해 주는 투자자들도 있다. 그리고 여러 가지 소식들을 전달해 주는 미디어도 있으며, 스타트업이 일하는 환경을 조성해 주는 정부 기관들도 있다. 일반적으로 스타트업 신(scene)이라고 하면 창업자, 투자자, 미디어, 정부 기관 정도를 구성원으로 분류할 수 있다.

이중에서 가장 큰 활약을 하는 것은 당연히 창업자와 투자자다. 마치 창업자는 철저한 을이고 투자자는 갑으로 보일 수도 있지만 둘은 공생 관계에 가깝다. 그리고 모바일 버블과 같은 시기에는 창업자가 좀더 권력을 가지기도 한다. 물론 좋은 회사일 경우지만 말이다.

옐로모바일이 1조 원의 가치를 인정받아 유니콘이 되기 전의 에피소드가 있다. 나는 당시 회계사로서 다년간 근무하면서 자본을 조달하고 회사를 매각하거나 매수하는 일들을 해 왔기 때문에 기업 가치와 자본 조달에 대한 나름의 기준을 가지고 있었다. 매우 정석인 기준으로 말이다.

옐로모바일에 합류할 당시 옐로모바일의 가치는 약 3천억 원이었다. 3천억 원의 기업 가치*를 가지려면 적어도 200~300억 원 정도의 영업 이익이 나와야 했다. 하지만 옐로모바일은 영업 손실을 기록하고 있었고, 심지어 매출액도 그 정도 수준은 아니었다. 나는 기업 가치에 의문을 가지고 있었지만 모바일 버블 시기였기에 나의 의문과 달리 기업 가치는 계속 증가했다.

옐로모바일이 1조원의 평가를 받는다는 것에 의문을 가지는 나에게 옐로모바일의 이상혁 대표는 우버의 이야기를 예로 들었다. "우버가 어떻게 투자 유치를 하는지 알아요? 우버는 필요한 돈이 있으면 투자자에게 전화해서 밸류랑 금액만 말해요. 10조 3천억! 이렇게 말이죠. 그러면 일주일 내

---

* 엄밀하게는 '주식 가치(equity value)'를 의미하나 스타트업에서는 기업 가치와 주식 가치를 명확하게 구분하지 않고 사용한다.

로 돈이 입금됩니다."

우버가 한창 성장할 당시에는 모든 투자자들이 우버에게 투자하고 싶어 했다. 우버가 자신의 돈을 얼마의 기업 가치에 받아 줄지가 중요한 것이지, 투자를 해야 되느냐 말아야 되느냐를 결정하는 시기가 아니었다는 뜻이다.

인터넷 버블 시대의 몰락과 경기 침체로 인한 건설업의 몰락, 금융 위기와 워크아웃을 거치면서 철저하게 회사가 을이고 투자자가 갑인 시대를 살아왔던 나에게 우버의 사례는 충격이었다. 물론 그게 사실인지 아닌지는 정확히 모른다. 우버 대표에게 직접 들어본 적은 없으니까 말이다. 하지만 그런 얘기가 사람들 사이에서 회자되고 있다는 것만으로 충분했다. 모바일 버블의 시기에는 그랬다. 버블의 끝자락에서는 잘나가는 창업자들이 철저하게 갑이었다.

하지만 시계 바늘이 돌고 경기는 순환 고리로 돌아간다. 이제는 다시 창업자가 철저하게 을이 되는 시기가 돌아왔다. 투자 유치를 다니는 기업들의 가치는 급락했고, 투자 금액은 줄어들었으며, 회사들은 망하기 시작했다. 창업자들은 한숨을 쉬면서 말한다. "아, 투자자들은 좋겠다."

과연 이런 시기에 투자자들은 마냥 좋기만 할까? 싸게 좋은 회사를 살 수 있다는 측면에서 본다면 좋을 수도 있다.

과거에 말도 안 되는 배짱을 부리면서 투자를 하고 싶으면 하라는 창업자들을 더 이상 보지 않아도 된다는 점도 좋을 수 있다. 하지만 이런 현상이 길어지면 투자자에게도 좋지 않다.

스타트업에 있는 투자자들은 타인의 자본을 모아서 모험 자본에 투자하는 역할을 한다. 안정적으로 연 10%씩 수익을 내는 투자안과는 달리 모험 자본에 투자하는 자본들은 더 높은 수익률을 요구한다. 쿠팡과 같은 기업에 투자한 사람들이 얻은 수익은 연간 10% 수준이 아닐 것이다. 모험 자본은 그런 수준의 수익률을 만들어 내야 한다. 하지만 경기 침체로 이런 투자안들이 시장에서 사라지고 시장이 줄어들게 된다면 이런 투자안들을 찾아 내야 하는 투자자들도 자금을 모으기가 힘들어진다. 창업자들이 보기에 침체기가 되면 투자자들이 마냥 행복할 것 같지만, 투자자들도 그렇게 행복하지만은 않다는 것이다. 그리고 자신이 기존에 투자했던 회사들이 힘들어지는데 누가 좋겠는가? 침체기에는 스타트업도, 투자자들도 모두 힘든 시간을 보내야 한다.

결국 스타트업과 투자자는 약간의 미묘한 균형을 유지하고는 있지만 하나의 목표를 향해서 달려가야 하는 공생의 관계일 수밖에 없다. 물론 이러한 미묘한 균형을 바라보는 시각에는 차이가 있다. 일부 스타트업 창업자들은 투자자들이 자신들을 무조건 도와줘야 한다는 식으로 이해하기도 한다. 회사가 어려울 때 투자를 해 주는 것이 투자자가 아니냐는 것이다. 하지만 이런 시각은 절대적으로 잘못된 것이다.

투자자는 회사를 돕기 위해서 존재하는 것이 아니다. 자신에게 자본을 맡긴 LP(Limited Partners)들의 돈을 성장성이 높은 투자안에 투자해서 최대의 수익률을 만들어 내는 것이 투자자가 할 일이다. 이런 최종 목적을 달성하기 위해서는 자신이 선택한 투자안이 성장을 해야 되기 때문에 회사를 도와주는 것이다.

투자자의 1차 목적이 회사를 돕기 위해서 존재하는 것으로 착각하는 창업자들은 투자를 받을 때 쓰는 계약서의 조항들을 읽어 보길 바란다. 계약서에는 최악의 상황을 가정하고 쓴 내용들과, 창업자들이 만들지도 모르는 다양한 문제들을 감시하기 위한 도구들로 가득차 있다. 그리고 추가로 투자를 받게 되거나 본인이 통제할 수 없는 일이 생기면 자신의 권리를 침해받지 않기 위한 조항들도 여럿 있다.

투자자는 창업자를 돕기 위해 존재하는 것이 아니다. 그러므로 창업자들은 투자자에게 쓸데없이 낙관적인 기대를 하거나, 지나치게 환상을 가지고 접근하면 안 된다.

물론 투자자들이 다음 투자자들을 데려와 주거나, 창업자가 만나지 못하는 사람을 연결해 주는 일도 많다. 분명히 도움이 되는 일이다. 시장에 대한 전문가적인 식견을 보여주기도 하고 사업의 방향에 대한 의견을 주기도 한다. 이런 투자자의 활동들은 창업자가 어떻게 활용하는가에 따라서 득이 될 수도 있고 실이 될 수도 있다.

창업자들과 투자자는 서로 공생 관계인만큼 서로에 대한 이해도가 높아야 된다. 특히 창업자는 자신이 투자업을 하지 않더라도 투자자가 왜 저런 행동을 할 수밖에 없는지를 이해하고 있어야 한다. 그래야 추후 다른 투자를 받거나 혹은 투자자와의 갈등 관계를 해결할 수 있다. 막연한 환상이나 기대는 문제 해결에 전혀 도움이 되지 않는다.

투자자들도 또한 창업자에 대한 이해가 더 필요하다. 창업자들은 단순히 돈만 받고 알아서 성장해 내는 공장이 아니다. 창업자들은 회사를 성장시키기 위해서 때로는 인간적인 면을 버리고 의사결정을 하기도 하고 극심한 불안감에 시달리기도 한다. 이런 창업자들의 성격은 사업계획서나 분기별로 보고하는 엑셀에는 나타나 있지 않지만 회사의 성장에는 분명히 존재하는 요소들이다. 이런 요소들이 때로는 불안감을 만들기도 하지만 잘 활용한다면 높은 시너지를 만들어 내기도 한다. 보이는 숫자보다 더 많은 인간적인 접근이 필요한 것이 바로 창업자다.

어차피 공생해 나가야 할 관계라면 가장 중요한 것은 서로에 대한 이해가 아닐까 싶다. 그래서 주위의 투자자들에게도 창업을 한번 해 보라고 권하기도 하고, 반대로 창업자들에게도 엑시트를 하면 꼭 투자자가 되어 보라고 하거나, 다른 기업에 자신의 돈을 투자해 보라고 말한다. 그래야 서로를 더 잘 이해할 수 있으니 말이다. 상대방의 시각을 이해한다면, 균형 관계에 있는 상대방을 더 잘 활용하고 더 좋은 파트너로서 가치를 만들어 낼 수 있기 때문이다. ♠

13

자본 조달:
타인의 돈은
무료가
아니다

요즘은 사업을 시작한다고 하면 투자를 받으라는 이야기가 먼저 나온다. 최근 10년간 스타트업이 크게 성장할 수 있었던 원인 중 하나는 대규모 모험 자본의 유입이다. 과거에 J커브를 그리면서 성장한 기업들 덕분에 모험 자본의 규모는 급속도로 커졌고 이제는 스타트업을 성장시키는 중요한 원동력 중 하나가 되었다.

모험 자본은 말 그대로 모험을 하는, 즉 리스크를 감수하는 자본이다. 리스크를 감수하는 이유는 무엇일까? 보다 높은 수익률을 얻기 위해서다. 콜럼버스가 투자 유치를 위해서 수많은 투자자를 만났지만 과감하게 모험을 결정한 사람은 스페인 왕가뿐이었다. 그들이 어떤 기대를 가지고 투자를 결정했는지 알 수는 없다. 하지만 투자 성공의 대가로 그들은 막대한 부를 거머쥐었다.

비단 콜럼버스의 사례뿐만이 아니다. 모험 자본이 과감하게 들어와서 성공을 거둔 사례는 이외에도 수없이 많다. 지금은 대기업이 되어버린 구글이나, 아마존과 같은 기업에 초기에 투자한 사람들도 결국은 다 모험 자본일 수밖에 없다. 전통적으로 성공적인 수익률을 가져다주는 대상에 투자해도 대박을 거둘 수 없기 때문에 모험 자본은 커질 수밖에 없다. 작은 성공들이 계속해서 큰 부를 창출하는 것을 목격한 투자자 입장에서는 대안을 찾을 수밖에 없는 것이다.

이제는 투자를 받는 기업가의 입장에서 생각해 보자. 사업을 하는 사람에게 투자는 매력적인 대안이다. 은행 돈과 같이 추후에 꼭 갚아야 되는 것도 아니고 이자도 없기 때문이다. 하지만 이런 생각에는 함정이 있다. 투자는 생각한 것만큼 공짜 돈은 아니기 때문이다.

은행에서 대출을 하는 것보다 투자 유치가 낫다고 생각하는 사람들의 근거는 바로 원금 상환에 대한 리스크가 없다는 사실과 당장의 이자 지출이 없다는 것이다. 최악의 경우 사업이 망했을 때 돈을 돌려줄 필요도 없이 무사히 사업을 접을 수 있다고 생각한다. 하지만 세상의 모든 돈에는 대가가 있다. 공짜 점심이 없는 것은 자본 시장에서도 마찬가지다.

　만약 본인이 타인의 자본을 운영하는 사람이라고 생각해 보자. 타인의 자본을 내가 보장된 수익률로 약정을 하고 모아서 다른 곳에 투자를 하기로 했다. 하지만 운이 없게도 그 사업이 망해서 이미 투자 받은 돈을 날렸다면 나의 미래는 어떻게 될 것인가? 아마도 커리어에 큰 타격을 입고 같은 일을 하지 못할 수도 있고, 계속해서 그 일을 하더라도 예전처럼 돈을 모으지 못할 수도 있다. 당신이 투자자라면 어떻게 하겠는가? 수단과 방법을 다해서 돈을 어떻게든 회수하려고 할 것이다. 가능하면 계약서에 이런저런 조항들을 다 꾸역꾸역 넣어서 최대한 방어를 할 것이고 그렇지 않더라도 어떻게든지 자금을 회수하기 위한 노력을 할 것이다. 회사가 망해도 '할 수 없네' 하고 체념할 입장이 아닌 것이다.

　투자자의 상황을 알았다면 다시 사업가의 입장으로 돌아가 보자. 이 돈이 과연 내가 아무렇지도 않게 쓰고 나중에 망해도 괜찮다고 생각할 수 있는 돈인가? 그렇지 않다는 것을 이제 알았을 것이다. 상대방이 어떻게든 회수를 하려고 드는 돈이 바로 투자금이다. 이제는 또 다른 측면에서 한번 투자금을 관찰해 보자.

　대출은 주로 어디에서 실행될까? 금융 기관은 등급이 있다. 우리가 흔히 거래하는 매우 큰 금융 기관일 수도 있고, 저축 은행과 같은 곳도 있으며, 더 내려간다면 사채 시장도 있다. 이 셋 중에서 가장 두려운 곳은 어디일까? 우리가 흔히 미디어를 통해서 접하는 인정사정 볼 것 없이 자금을 회수하는 사람이 속한 기관이 가장 무서운 곳이 아닐까? 그렇다 바로 사채 시장이 제일 두려울 것이다.

사채 시장이 두려운 이유는 무엇인가? 첫 번째는 법정 이율을 넘나드는 무지막지한 이자율이다. 수십에서 수백 퍼센트까지 넘나드는 이자율은 법을 넘어서 상대방을 괴롭힌다. 그 사람들의 입장에서 생각해 보자. 그 사람들이 과연 시중에 위험 없는 금리로 자금을 조달했을까? 아니다. 그 사람들에게 돈을 빌려준 사람들도 엄청난 모험 자본이며, 매우 큰 수익률을 요구할 것이다. 그럼 그 수익률을 채우고 자신이 이득을 얻기 위해서 어떻게 할까? 더 큰 이자율을 채무자에게 부과할 것이다. 그리고 만약 채권이 회수되지 못한다면 자신이 살기 위해 인정사정 보지 않고 어떻게든 회수하려 할 것이다.

이제 똑같은 논리를 투자에 적용해 보자. 투자를 받을 때 누구에게 받는가? 돈 많은 개인 투자자나 전문 투자자들이 있고, 벤처 캐피탈이나 정해진 룰 안에서 움직여야 하는 기관도 있다. 정부의 돈을 받고 기금을 운영하는 사람들은 대개 인정사정 보지 않는 회수를 할 수 없다. 우리나라 정규 금융 기관들이 그렇듯이 말이다. 법적인 테두리 내에서 모든 것을 수행할 수 있다. 하지만 작은 투자자들이나 매우 돈이 많은 개인들은 어떻게 할까? 악독한 투자자들을 만난다면 채무자는 영혼까지 털려버릴 수도 있다. 자금 회수를 위하여 계약서 내에 상대방이 불리한 조항들을 잔뜩 넣어 놓고, 회사가 망한다면 사기로 상대방을 고발하여 압박하는 방법도 서슴지 않는다. 이런 투자자들이 영화에서만 존재하는 이야기라면 좋겠지만 실제로는 세상에 많이 존재한다. 이른 바 블랙 엔젤과 같은 사람들인 것이다.

그러므로 투자를 유치하는 입장에서는 돈의 성격을 잘 봐야 한다. 투자라고 해서 뭐든지 좋은 것도 아니며, 차입이라고 해서 모두 나쁜 것도 아니다. 우리 회사의 가치가 향후 몇 년 뒤에 급격하게 성장한 이후 뒤늦게 지분을 매각했던 사실을 후회했던 창업자들도 많다. 결과론적인 이야기지만 말이다.

투자냐, 차입이냐의 문제에서 사업가는 무조건 투자를 선호할 필요는 없다. 현재 나에게 유리한 것은 상황에 따라서 변하기 마련이기 때문이다. 주어진 조건들이 불리하거나,

이율이 지나치게 높거나, 혹은 미래의 상황이 어떻게 변하는지에 따라 연동되는 조건들이 있다면 그것까지 고려해서 결정을 해야 한다.

　모든 투자가 좋고 모든 차입이 나쁜 것은 아니다. ♠

startup

14

투자 유치:
반대로
본인이 투자한다고
생각해 보자

문제를 해결하기 위해서 첫 번째 할 일은 바로 문제를 인식하는 것이다. 그냥 문제가 있다, 없다를 아는 것은 문제를 인식하는 것이 아니다. 제대로 문제를 인식하기 위해서 '왜'라는 물음에 정확하게 대답할 수 있어야 한다.

스타트업 붐이 일어났음에도 불구하고 실제로 한국에서 투자를 받는 회사들은 생각보다 적다. 2023년 기준 연간 창업 기업의 수는 약 123만 개다. 투자 유치 건수는 얼마나 될까? 스타트업 얼라이언스가 집계한 2023년 스타트업의 총 투자 건수는 약 1,284건이었다. 그리고 1천억 이상 대규모 투자를 받은 기업은 총 9개이다. 비율로 따지자면 1,284/123만으로 약 0.1%다. 거의 대부분의 기업들이 투자를 받지 못한 것이다. 데모데이(Demo-

Day)는 넘쳐나고 투자자들도 시장에 너무나 많다고 하지만 투자를 받지 못할 것이라 생각하는 기업이 사실상 대부분인 것이 현실이다. 그렇다면 왜 투자자들은 우리 회사에 투자하지 않는 것일까?

이 문제에 답을 하기 위해서는 '투자자'라는 업을 알아야 한다. 이 투자자라는 업종은 상당히 다양한 의미를 지니고 있다. 돈을 벌기 위해서 다른 어딘가에 돈을 넣었다면 넓은 의미에서 투자자라고 볼 수 있다. 그런데 사실상 모든 사람들은 돈을 벌기 위해서 다른 어딘가에 돈을 넣는다. 그러므로 '나는 투자자야!'라고 말을 한다면 그 말은 맞는 말일 가능성이 높다.

물론 이런 식의 투자자는 여기서 말하는 투자자와 다른 것이 아니냐며 반문할 수 있다. 반은 맞고 반은 틀리다. 흔히 우리가 투자자라고 말하는 업종의 사람들은 자기 자본을 가지고 투자를 할 뿐만 아니라 타인의 자본을 활용한 투자를 진행한다. 금융 기관을 통하여 빌린 돈과 같이 레버리지를 활용한 방법일 수도 있고, 또는 누군가를 대신해서 투자를 진행할 수도 있다. 둘의 공통점은 본인의 돈만으로 하지 않는다는 것이다. 자신의 돈으로 한다면 투자를 통해서 얻게 되는 차익을 통해서 수익을 얻을 수 있고, 타인의 자본을 대신 운용해 준다면 그 돈을 운용하는 계약을 통하여 약정된 수익을 얻을 수 있다. 그래서 우리가 투자를 받기 위해서 누군가를 만났다고 하면 대부분 타인의 자본까지 활용하는 사람들을 의미한다.

그렇다면 반대로 한번 생각해 보자. 나는 사람들에게 "왜 우리 회사에 투자를 안 할까요?"라는 질문을 들으면 역으로 이야기해 준다. "대표님이 투자자라고 생각하고 누군가의 회사에 투자한다고 객관적으로 생각해 보세요".

스타트업에게 투자 유치 활동은 대규모 자본이 유치되고, 유니콘이라는 꿈으로 다가가는 과정이다. 하지만 본질적으로 본다면 투자 유치 활동은 단순히 자본을 유치하는 활동 중에 하나이다. 은행에서 돈을 빌리듯이 말이다. 스타트업에서 흔히 말하는 투자자인 벤처 캐피탈은 모험 자본을 운영하는 투자자다. 안정적인 자본을 은행이 운영하듯이 벤처 캐피탈은 모험 자본을 운영할 뿐이다. 그러므로 투자 유치 활동은 혁신의 열망을 품은 회사가 같이 리스크를 지고 모든 것을 감수할 수 있는 회사와 파트너십을 맺는 활동을 의미하는 것이 아니다. 사업에 필요한 자금을 운영하는 회사에게 은행과는 다른 조건으로 돈을 빌리러 가는 자본 유치 활동이라고 봐야 한다.

투자자들은 타인의 자본을 유치하는 과정에서 다양한 조건을 제시한다. 자본을 운용할 때 받는 수수료, 그리고 성공 시 받는 수수료, 자신들이 투자를 하는 방법 등 다양한 조건들과 관점을 제시한다. 투자자들의 설명을 들은 사람들은 자신의 돈을 맡기게 된다. 투자자의 목적은 바로 그 돈을 잘 운용하는 것이다. 최초에 제시한 수익률보다 더 높은 수익률을 제시하고 높은 성과를 내기 위해서 최선을 다하는 것이다. 그러므로 창업자들이 기대한 자신과 함께 리스크를 감수하며 성과를 만들어 가는 인생의 파트너는 사실상 존재하지 않는다. 투자자들의 목적은 낫 하나 들고 정글과 바다를 헤매면서 꿈에 나왔던 아틀란티스를 찾는 것이 아니다. 그들의 목적은 자신이 운용하는 펀드의 수익을 극대화하는 것이고, 그 과정에서 회사의 성공을 돕는 것이다.

그들이 목적을 이루는 방식이 나쁜 것일까? 그들은 그들의 일을 할 뿐이다. 오히려 투자자들이 창업자들을 도와준다고 막연하게 기대하는 것이 잘못이다. 그리고 창업자들이 그런 오해를 하게 만드는 잘못된 기사와 일부 이해관계자들의 행동은 더 잘못된 것이다.

자, 그러면 처음의 문제로 돌아가 보자. 내가 창업자들에게 본인이 투자자라고 생각하라고 한 이유에 대한 답이 되

없을 것이다. 본인의 돈을 누군가에게 투자하는데 '그냥 같이 모험을 합시다!'라고 할 사람이 몇이나 될까? 다들 꼼꼼하게 따질 것이다. 혹시나 내 돈을 잃지 않을지, 사업을 하는 창업자가 믿을 만한 사람인지, 그리고 미래에 정말 성장할 수 있을지에 대한 가능성을 기록해 가면서 말이다. 이런 사항을 고려하지 않고 무턱대고 투자를 받으려고 하는 것은 무모한 짓이다. 나 자신도 납득하지 못하는 이유를 타인이 이해할 것이라고 생각해서는 안 된다.

그렇다면 어떻게 해야 할까? 당연히 투자자가 이해하도록 자료를 만들고, 사업성을 평가하고 준비해야 한다. 그들이 아무런 리스크도 지지 않고, 냉정하게 돈만 아는 사람으로서 나를 평가한다고 생각하고 투자 유치를 준비해야 한다. 그리고 돈을 빌리러 가는 것이다. 대신 현재의 이자를 지급하지 않고 미래의 가능성을 나누자는 제안을 제시하는 것이다. 그것이 바로 투자 유치 활동이다.

투자 유치 활동을 위해서 IR(Investor Relations) 자료를 만든다면 이 사업에 대해서 아무것도 모르는 제3자에게 냉철한 판단을 부탁해 보길 바란다. 처음 보는 사람도 '오! 너무나 좋은 사업인데? 내 돈을 투자하고 싶다'라는 생각이 들 만큼 쉽게 써 있고, 논리적으로 이해하기 쉬운지 검토해야 한다. 주위 친구 중에 지나치게 까칠한 사람이 있다면 그 사람에게 물어봐도 좋다. 당연히 매운맛 피드백이 기다릴 것이다. 하지만 투자자들은 그 사람보다 백만 배는 더 냉혹하다. 친구는 누군가의 돈을 맡아 운용하면서 답을 하지 않지만, 투자자들은 무거운 가방을 지고 투자를 한다. 실패한 포트폴리오만 잔뜩 안고 있는 투자자의 미래가 밝을까? 전혀 그렇지 않을 것이다. 창업자는 목숨 걸고 사업을 하고 투자를 유치하고, 투자자는 자신의 커리어를 걸고 투자를 한다. ♠

startup

15

판단:
전략적 사고를 통해
결론을 도출하는
방법

회사를 운영하면서 경영자에게 중요한 것은 무엇일까? 돈, 사람, 운 모두 중요하지만 여기에 빠진 것이 하나 있다면 그것은 바로 '판단'이다. 회사는 수많은 판단의 연속으로 이루어져 있다. 회사를 설립하는 순간부터 판단이 들어간다. 자본금은 얼마로 할까, 팀원은 누구로, 어떻게 구할까, 투자 유치는 어떻게 할까 등은 모두 판단의 영역이다.

그렇다면 '좋은 판단'을 하는 것은 타고나야 하는 걸까? 좋은 판단을 내리는 것 역시 훈련을 통한 학습이 가능하다. 매 순간 좋은 판단을 내리는 사람은 없다. 하지만 나쁜 판단을 내렸을 때도 적절한 피드백으로 자신의 판단을 수정해 나가고, 또 수정해 나갈 수 있다.

사전적 의미에 따르면 판단은 사물을 인식하여

논리나 기준 등에 따라 판정을 내리는 것이다. 그렇기에 판단을 내리기 위해서는 먼저 사물을 인식하는 것이 필요하다. 사물이나 현상을 인식하는 데 가장 필요한 것은 지식이다. 해당 분야에 지식이 없으면 판단을 내려야 하는 주체에 대한 정보를 제대로 습득할 수가 없다. 인식하는 프레임 자체가 잘못되어 있거나 없을 수 있기 때문이다. 하지만 슬프게도 사람은 모든 분야에 대한 지식을 다 갖출 수는 없다. 내가 잘 알지 못하는 분야가 있을 수밖에 없다. 이때는 전문가나 해당 분야에 지식을 가지고 있는 사람에게 물어봐야 한다. 그렇기 때문에 창업자는 항상 다양한 전문가들과 함께해야 한다. 잘못된 판단의 시작은 대부분 그릇된 상황 인지에서 시작되기 때문이다.

누군가에게 지식을 물어보기 위해 중요한 것은 바로 좋은 질문을 하는 것이다. 잘못된 인식은 질문을 제대로 못하는 데 있다. 실제로 질문은 판단의 영역에서 매우 중요한데 누군가에게 질문을 하는 것만 봐도 이 사람이 똑똑한지 아닌지를 알 수 있다. 특정 분야에 대한 지식이 없더라도 좋은 질문을 하는 사람은 적절한 논리적인 프레임을 가지고 있는 경우가 많다. 그러므로 판단에 대한 훈련을 해야 한다면 이런 논리적인 사고에 대한 학습부터 시작해야 한다. 평소에

하는 질문에서 '왜'라는 항목을 얼마나 잘 파악하고 있는지가 이러한 논리적인 사고의 밀도를 결정한다고 할 수 있다.

사물이나 현상을 인지하는 데 '왜'가 필요했다면 문제 해결 방식에는 '어떻게'가 중요하다. '어떻게'를 찾는 방식은 '왜'보다는 조금 더 복잡하다. 세상에는 논리로 해결되는 문제도, 논리적으로 해결되지 않는 문제도 있기 때문이다. 논리적으로는 맞지만 문제 해결에 아무런 도움이 되지 않는 상황도 있다. 잔뜩 화가 난 상대에게 내가 논리적으로 맞다고 우긴다면 결국 싸움으로 번질 수밖에 없지 않겠는가?

그래서 문제 해결을 위해서 도움이 되는 방법은 상대방을 감정적으로 이해하는 것이다. 좋고 나쁨의 감정이 아니라 상대방의 이해관계를 이해하라는 것이다. 상대방이 왜 이렇게 하고 있는가, 상대방에게 경제적으로 이득이 있는 방향은 무엇인가를 이해한다면 회사를 운영할 때 발생하는 문제를 해결하는 데 더 도움이 된다.

특히 문제의 해결 방식이 법이나 규율로 정해져 있지 않은 상황에 놓일 때 이런 공감 능력은 큰 도움이 될 수 있다. 대부분의 사람들은 자신의 이해관계에 따라 움직이고 행동하기 때문이다. 그렇다고 상대방의 이해관계에 따라 모든 것을 맞춰 주라는 것이 아니다. 그건 그냥 자신의 이득을 포기하는 행동일 뿐이다. 다만 상대방이 처한 상황을 정확히 이해한다면 내가 선택한 방향에 따라서 상대방이 어떻게 움직일지 시뮬레이션을 하는 데 도움이 된다.

　모든 판단이 선형으로 이루어져서 한 개의 선택지만 있으면 판단을 내리기 매우 좋겠지만 불행하게도 대부분의 판단은 복수 선택도 가능한 다수의 답안으로 구성되어 있다. 때로는 주관식이기도 해서 창의적인 보기를 스스로 만들어 내야 하는 경우도 있다.

　내가 선택할 수 있는 답안을 몇 가지 도출한다면 그 선택으로 얻을 수 있는 수익과 비용만 계산하면 된다. 단순히 숫자로 계산하라는 의미는 아니다. 여기에는 정성적인 이득과 손실도 들어가 있다. 특히 회사 일이 아닌 일상에서의 답안은 대부분 정성적인 답안으로 구성되어 있어서 오히려 숫자로 하는 계산보다 어려울 때가 있다. 상대방의 감정도 고려해야 되고 먼 미래의 변수까지 포함해야 할 수도 있다. 가치 판단까지 들어간다면 더욱 복잡한 문제가 된다.

　그래서 '어떻게'를 선택하는 것이 어렵다. 정답이 없기 때문이다. 회사를 운영하는 경우에도 이러한 수의 계산은 쉽지 않다. 정성적인 면, 장기적인 이득과 손실을 모두 고려해서 판단해야 되기 때문이다. 하지만 회사에서 선택해야 하는 답안은 삶의 선택이나 가정적인 일보다는 단순한 편이다. 이는 회사가 가지는 특성 때문이다. 모든 삶에서 경제적인 이득이 최우선 순위는 아니지만 회사에서는 경제적인 이득을 가장 높게 가져가는 안이 언제나 최선의 답이다. 물론 이러한 이득이 단순히 단기적이고 일시적인 이득이 아니라는 전제에서 말이다.

회사는 이익의 우선순위가 판단의 근거가 된다. 회사를 구성하는 이해관계자들이 문제가 생길 때 이사회 의사록을 뒤적이면서 책임자를 찾아내는 것도 이러한 논리를 따르기 때문이다. 회사의 이익에 도움이 되는 행동을 하였는가, 제대로 된 근거를 토대로 적절한 판단을 하였는가라는 질문이 그 판단을 내린 사람이 배임이라는 행동을 했는지 아닌지를 판단하는 근거가 되기도 한다.

또 하나 제대로 된 판단을 내리기 위한 팁은 바로 아날로그 방식으로 하나하나 써 보는 것이다. 펜과 종이가 없다면 워드를 켜도 좋다. 빈 공간의 위쪽에 (+)와 (−)를 하나씩 적고 내가 얻을 것과 잃을 것들을 나열하다 보면 몇 줄이 지나지 않아서 입장이 정리가 된다. '아, 이렇게 하면 되겠구나' 하는 최종 결과를 도출하면서 말이다. ♠

16

학습:
머리로 이해하고
몸으로 익히기

종종 대학에 강의를 나갈 때면 공통적으로 이야기하는 두 가지가 있다. 첫 번째는 '너희가 불안한 만큼 나도 불안하다. 평생을 불안과 친구로 지내면서 그것을 이겨 가는 게 우리가 할 일'이라는 것이고, 두 번째는 '너희가 진로를 고민하는 만큼 나도 고민한다'는 것이다.

'앞으로 무엇을 해야 하는가'라는 고민은 마치 사람이 죽기 전까지 해야 하는 고민이 아닐까 싶다. 이 고민은 매우 지독해서 쉽게 해결되지도 않으며, 한 가지 고비를 넘으면 반드시 다음 언덕이 기다리고 있다. 넘고 또 넘어도 속세를 떠나지 않으면 평생 마주하는 상대가 아닐까 싶다. 그러나 이런 과정을 통해서 우리는 배워 간다. 내가 무엇을 하고 앞으로 어떻게 살아야 하는지를 말이다.

창업자들에게는 창업의 계기가 존재한다. 각자 다양한 이유가 있겠지만 한 가지 공통점은 창업을 새로운 기회로 삼는다는 것이다. 성장하지 못하고 회사가 생존하지 못할 것 같은데 창업을 하는 사람은 없다. 자신만의 성을 쌓아 보겠다는 결심을 하는 순간이 태어나면서부터는 아닐 것이다. 스티브 잡스와 같이 성공한 창업자를 보고서 결심을 했을 수도 있고, 피치 못하게 회사를 퇴직할 수밖에 없는 상황에 놓였을 수도 있다. 또 우연한 기회에 큰 돈을 벌 수 있다는 것을 깨닫고 창업에 뛰어들었을 가능성도 있다.

창업의 동기가 무엇이었든 그것은 그가 살아온 세월에서 배워 온 것이다. 나는 그래서 창업자는 환경에 의해서 만들어진다고 생각한다. 불과 십여 년 전만 해도 한국 사회에서는 사업하면 인생이 힘들고 고달프며, 망할 수 있다는 의식이 팽배했다. 그래서 대다수의 뛰어난 학생들은 스타트업과 같은 모험을 하기보다는 안전한 공무원이나 자격증에 몰입할 수밖에 없었다. 하지만 이제는 많은 학생들이 스타트업을 창업해서 큰 부자가 되고 싶어 한다. 이런 변화는 창업자는 태어나는 것이 아니라 학습에 의해서 만들어진다는 것을 보여주는 것이다.

학습은 학교에서 교과서로 배우는 것만을 의미하지는 않

는다. 일부 창업 교육기관에서는 성공한 창업자들의 성공 방식을 가르쳐 준다고 이야기한다. 자기가 파악한 프레임으로 사업을 만들고 검증할 수 있고, 성공할 수 있다고 말이다. 사업에 대한 검증은 할 수 있다. 대부분의 초기 사업들은 허술할 수밖에 없어서 몇 가지 잣대를 들이대면 그들의 아이디어는 쓸모없는 것이 될 수 있으니까 말이다.

하지만 중요한 것은 그렇게 시작하고 만들어 낸 사업을 어려운 상황에서도 피벗(pivot)을 해 가면서 버틸 수 있는가 하는 것이다. 창업자들이 하는 일은 대기업에서 하는 신사업과는 다르다. 풍부한 자원과 인력을 가지고 하나하나 검토해 가면서 하는 일이 아니다. 빠른 시간 내에 불가능한 목표를 달성하기 위해서 전력 질주하면서 가설을 검증해 나가고, 그것이 잘 안되면 창업자의 인생이 큰 곤란에 빠지게 된다. 10개월을 일하면서 9개월 동안 멀쩡하다가 갑자기 1개월 동안 급격하게 망하는 것이 아니다. 10개월 내내 불안과 싸워가면서 될지 안될지를 검증해야 되고, 중간에 사업을 변경할 일도 생긴다. 그리고 망할 수 있다는 불안감에 쌓여 비이성적인 판단을 내리기도 한다. 결국 원하는 목적지에 도달할 때쯤에는 이 모든 것들을 어느 정도는 이겨 낸 상태여야 한다.

이런 것들을 과연 이론처럼 배울 수 있을까? 배울 수 있는 것은 창업에 필요한 지식들뿐이다. 이것은 학교에서 배울 수 있는 지식이 아니다. 아무리 글과 영상으로 배워도 도저히 학습할 수 없다. 결국 하나씩 경험해 가면서 만들어갈 수밖에 없는 것이다. 모든 학습은 사회에서 이루어진다. 그래서 창업자들은 모든 것을 한 번에 배울 수 있을 거라는 생각을 지양해야 한다. 사업은 오늘 창업해서 1년 뒤에 엑시트를 하는 것이 아니라 10년, 20년을 바라보면서 평생을 걸고 하는 것이다. 수십 년간 배울 지식들은 한 번에 머릿속에 들어오지 않는다. 눈으로 보고 귀로 듣고 피부로 느끼면서 뼈에 새기는 학습만이 있을 뿐이다. ♠

startup

17

공동 창업자:
평생의 동지인가,
인생의 원수인가

'창업 자금을 구하러 투자자에게 갈 때는 같이 가지만 회사를 팔러 올 때는 창업자 혼자 온다.'

  창업자와 공동 창업자와의 관계를 한 문장으로 설명할 때 주로 사용되는 문장이다. 창업자는 회사를 세우는 순간부터 온몸으로 불확실성을 받아내야 한다. 주변 사람 누구도 믿지 않는 길을 혼자서 묵묵히 가야 하기 때문이다. 몇 번의 엑시트와 창업을 거듭하는 인기 있는 연쇄 창업자를 빼고 처음부터 거액의 투자금을 유치하는 경우는 흔하지 않다. 창업자는 부족한 자금으로 맨땅에서 자신만의 꿈을 만들어 가는 힘든 여정을 걸어야 하는 경우가 대부분이다.

  창업자 본인이 모든 기능을 수행할 수도 없다.

회사 운영이나 세일즈 기반의 창업자는 개발이나 제품이 약한 경우가 많고, 제품이나 개발에 특화된 개발자들은 회사 운영과 마케팅에 서투르다. 혼자서 회사를 세워서 모든 일을 수행하는 슈퍼 창업자도 있겠지만 모든 사람이 그렇게 일을 할 수는 없다. 그러므로 창업자에게는 동료가 필요하다.

그래서 창업자들은 공동 창업자와 함께 회사를 만들게 된다. 창업 초기에는 뛰어난 인재를 낮은 가격에 고용해야 한다. 하지만 뛰어난 사람들은 굳이 위험을 감수할 필요가 없다. 창업자와 공동 창업자만 빼면 말이다. 그래서 창업자뿐만 아니라 공동 창업자도 희생을 감수할 수밖에 없다. 이러한 희생에는 향후 성공할 경우 주어지는 보상이 동반되며, 많은 경우 창업자 주식의 일정 부분을 나누어 가지게 된다.

문제는 향후 회사가 잘될 때와 잘 안될 때 모두 발생하게 된다. 회사가 잘되면 공동 창업자의 입지가 줄어드는 경우가 발생한다. 만약 공동 창업자가 뛰어난 능력과 높은 학습 능력으로 회사의 성장 속도에 맞춰서 성장해 충분히 본인의 역할을 수행한다면 문제가 없다. 하지만 공동 창업자는 자신의 역할보다 부족한 역량을 보유한 경우가 많으며 회사에 자금이 많아지면 외부 전문가들이 공동 창업자의 자리를 대신하게 된다.

공동 창업자는 갈등할 수밖에 없다. 자신의 권리를 주장하면서 싸워 볼까? 외부 전문가를 밀어내 볼까? 사내 정치가 시작된다. 창업자에게 공동 창업자는 감정적인 지분을 요구한다. "우리가 남이가?" 하지만 창업자가 공동 창업자의 손을 들어주는 순간 회사의 사내 정치는 더욱 가속화된다. 그리고 회사의 성장을 좀먹기 시작한다.

반대의 경우를 생각해 보자. 회사는 예상한 대로 성장하지 못했다. 투자금은 바닥을 보이고 있고 돈은 떨어져 가는데 매출은 증가하지 않는다. 창업자는 속이 탄다. 그리고 공동 창업자를 넌지시 바라본다. '내가 이렇게 고생하고 있는데 공동 창업자는 뭘 하고 있는 걸까?' 공동 창업자는 보상을 위해서 주식을 받았다. 하지만 연대 보증을 비롯한 모든 책임들은 사실상 창업자가 가지고 있는 경우가 많다. 창업자는 본인이 모든 것을 떠안아야 되는 상황이 후회스럽다. 공동 창업자가 지분은 가지고 있지만 자기만큼 절실하지 않아 보이기도 한다. '이 회사가 망하면 나는 어떻게 될까?' 잠 못 이루는 밤이 시작된다.

공동 창업자도 마음이 불편하기는 마찬가지다. 주식을 준다고 해서 같이 창업을 했지만 결정적인 의사 결정은 모두

131

창업자가 내린다. 자신이 마음대로 할 수 있는 것은 그리 많지 않다. 게다가 자신은 연봉도 낮추어 합류를 했다. 금전적인 손해를 감수하고 그 보상으로 주식을 받았다. 하지만 이대로 간다면 회사는 무너지고 자신이 가지고 있는 주식의 가치는 0이 될 것이 분명해 보인다.

회사가 어려워지면 창업자는 궁지에 몰리고, 공동 창업자의 불안감이 극대화된다. 서로의 책임 소재를 놓고 싸우기도 한다. 회사가 어려워지는 것은 대부분 한 가지 원인보다는 다수의 복합적인 사안들이 부정적인 시너지를 내기 때문이다. 하지만 감정이 섞인 원인 탐색 작업은 자신의 내면보다 타인을 향할 가능성이 높다. 이렇게 창업자와 공동 창업자는 서서히 갈라서게 된다.

이처럼 창업자와 공동 창업자의 관계는 복잡하다. 그러므로 어려운 시기를 같이 이겨 내고 좋은 회사를 만들어 보겠다는 처음의 생각을 지키기 위해서는 단순한 우정이나 벅찬 감정 이상의 것이 반드시 필요하다.

먼저 창업자와 공동 창업자 사이에 일어나는 반목의 원인 (회사가 성장하거나 하락하거나 모두 발생하는 문제)을 생각해 봐야 한다. 그것은 바로 서로 간에 공유한 특별한 감정이다. 이런 감정들은 부정적인 효과만 가지고 있는 것이 아니다. 어려운 시기에 서로를 격려하는 역할도 하기 때문이다. 전보다 낮아진 급여도, 높아진 업무 강도도 모두 이길 수 있게 해 주는 것도 감정이다. 하지만 결국 문제는 발생하게 된다. 특별한 감정에서 서운함이 생기고, 원망이 피어날 수밖에 없다.

그래서 창업자와 공동 창업자에게는 감정적인 교류 이상으로 명확한 목표가 필요하다. 창업자에게 혁신적인 기업을 만들고 싶다는 이상이 있어서 그것을 추구하려 한다면 공동 창업자 역시 본인만의 입장을 고려한 목표가 있어야 한다. 중요한 것은 세상을 이롭게 만들겠다는 이상적이고 추상적인 비전보다는 '창업자와 함께 리스크를 안고 사업을 일으켜서 100억은 벌어야겠다'처럼 구체적인 것이어야 한다.

구체적인 목표들이 존재해야 목표를 위해서 본인이 치른 대가들을 단순히 희생으로 여기지 않게 된다. 목표 없이 양보한 의사 결정들은 단순한 희생이라고 생각될 수 있다. 목적 달성을 위한 전략적인 선택이 아닌 것이다. 전략적으로 계산된 선택이 아닌, 단순한 감정으로 쌓인 불만들은 쌓여가면서 한도를 넘는 순간 터져버리게 된다. 누구든 감정이 쌓이면 폭발할 수밖에 없다. 회사는 막연히 감정을 수련하는 곳이 아니다. 대부분의 감정은 목적이 없으며, 그래서 누구도 영원히 견딜 수는 없다.

하지만 목표를 달성하기 위한 선택은 다르다. 감내할 수 있다. 최초 설정한 목표를 달성하기 위하여 본인의 판단에 따라 결정했기 때문에 군더더기 같은 감정들은 붙어 있을 필요가 없다. 만약 잘못된 선택으로 인하여 손해를 본다고 해도 막연한 누군가를 향한 억울함은 없을 것이다. 목표를 이루기 위해서 내린 의사 결정이고 그것에 따른 결과이기 때문이다.

창업자는 비전을 먹고 살아갈 수 있다. 인류를 멋지게 만들겠다는 생각들, 혁신적인 제품을 만들고 싶다는 이상도 창업자를 버티게 만드는 요인이다. 그러나 마지막 순간까지 회사에 대한 책임은 대부분 본인의 것이다. 회사가 망해가는데 창업자가 아무렇지도 않게 손을 털고 나올 수는 없다. 성공하든 실패하든 그것은 창업자의 몫이다. 대신 창업자는 자신의 비전을 이루기 위해서 많은 수단을 동원할 수 있다. 대부분의 그림이 창업자에 의해 그려지고 끝나기 때문이다.

결국 창업자와 공동 창업자는 서로 명백히 다른 입장을 지니고 있다는 것을 인지하는 것이 중요하다. 둘은 평생을 같이 할 가족이 아니다. 사업 파트너로서 각자의 비전과 목적을 위해서 최선을 다하며 달려가는 사람들이다. 만약 그 목적이 달성되었거나 달성되기 어렵다고 판단되면 정해진 계약에 따라서 헤어져야 한다. 아름다운 시작은 감정과 함께 하지만 평화로운 헤어짐은 이성을 동반해야 한다. ♠

18

경쟁:
불안하고 절박한
사람이
더 많은 기회를
갖는다

젊은 세대들이 바라는 이상적인 기업은 그저 대기업이 아니다. 보다 자유롭고, 기술을 통해 무한정으로 사업을 확장할 수 있으며, 한순간에 스타가 될 수 있는 기업이다. 예전같이 충성심을 요구하는 기업들은 이제 더 이상 누군가에게 선망의 대상이 될 수 없다. 종신 고용이 무너지면서 그 누구도 자신을 보호해 주지 않는다는 것을 모두들 알게 되었기 때문이다.

창업도 그렇다. 창업은 예전에는 특별한 사람들만이 하는 일이었다. 故 정주영 회장과 같이 무에서 유를 만들어 냈거나 삼성그룹처럼 선대에서 이어 온 사업을 더욱 확장시킬 수 있는 사람만이 사업을 할 수 있었다. 나머지 사람들은 그저 빛나는 별들을 옆에서 받쳐 주는 역할밖에 할 수 없었던 것이다. 하지만 이제는 방구석 폐인처럼 보이는 너드(Nerd) 스타일의 개발자가 모두가 환호하는 서비스를 만들어 내기도 하고, 세계 제일의 부자가 되기도 한다. 내 옆의 동료가 갑자기 창업을 해서 수백억의 부자가 되기도 한다.

그래서 요즘 사람들은 창업에 많이 뛰어들 수밖에 없다. 바라는 기업상이 바뀌었고, 세상도 바뀐 걸 느끼기 때문이다. 이대로 가만히 있으면 어떻게 될지 불안하기도 하다. 그리고 이제는 사업을 할 수 있는 수단들도 꽤 늘어났다. 부자가 되는 길도 보이고, 심지어 아이디어도 있다. 내가 일하면서 발견한 문제들 중 아직 해결되지 않은 것들도 많다. 그리고 사람들이 아직 이 문제를 해결하지 못하고 있으니 내가 더 잘할 수 있을 거라는 기대도 있다.

처음 창업 시장에 진입한 사람들은 '이렇게 돈을 많이 벌 수 있는 새로운 기회가 있었는데 이제서야 알게 되다니! 이제 큰돈을 벌 수 있겠다!'며 앞으로 다가올 큰 기회에 가슴이 벅차오른다. 하지만 유감스럽게도 그 사실을 안다는 것 자체만으로는 돈을 벌 수 없다. 이 업계에서 일하고 있는 사람, 그 사람의 친구, 그 사람의 친구의 가족, 친구의 친구까지 모두 알고 있는 사실일 가능성이 높다. 무엇인가를 안다는 사실만으로는 사업의 성공을 장담할 수 없다.

스티브 잡스가 만들어 낸 앱 스토어 세계는 사람들이 타인에게 의존하지 않고 자신만의 판매 채널을 구축할 수 있는 신세계를 만들어 냈다. 과거에는 내가 무엇을 하고 있는지 알리기 위해 미친듯이 돈을 써야 했다. 게다가 제한된 매체에서 전달할 수 있는 사람의 수는 제한이 되어 있었다. 그리고 자동화도 어려웠다. 자동화가 안 되고 수동으로 이루어지는 판매의 과정들은 비용의 상승으로 연계되었고, 초심자들이 넘을 수 없는 장벽을 구축했다.

하지만 이제는 누구나 자신만의 서비스를 만들어서 보다 간편한 방식으로 사람들에게 알릴 수 있다. 서비스가 좋고, 또 필요하다면 SNS를 통해 바이럴이 되고, 마케팅 비용을 과다하게 투입하지 않아도 사람들이 서비스를 한 번씩 이용할 수 있게 만들 수 있다. 세계가 바뀐 것이다. 이제 시대는 변했고 과거의 유물들은 더 이상 필요 없다고 외치는 사람들이 늘어나고 있다.

과거의 일하던 방식이 상상도 할 수 없던 일이라고 생각하는 사람들은 초심자 시장에서 넘쳐난다. 하지만 과연 그럴까? 과거에 일을 자동화시키지 못해서 더 많은 비용을 지불하며 사업을 하던 사람들이 더 적은 비용을 내고서 일을 처리할 수 있는 방법이 생겼는데 그것을 모를 리가 없다.

백만 원을 지불하던 사람들이 십만 원만 지불하고 일을 할 수 있다면 누구보다도 빠르게 변화를 받아들일 것이다. 특히 맨땅에서 사업을 일으킨 사람들이라면 더욱 그렇다. 백만 원이 줄어드는 것을 십만 원으로 아낄 수가 있는데 누가 그것을 마다하겠는가.

신기하게도 세상의 문제들을 해결하고 싶어 하는 욕구는 옛날 사람들에게 더 많았다. 백화점에 들어오는 사람이 몇 명인지 자동으로 알고 싶은 욕구는 실내 내비게이션 등의 기술이 개발되기 전부터 있었다. 다만 그것을 기술로 구현을 하지 못했을 뿐이다.

그렇다면 신규 창업자들은 기존의 창업자를 이길 수 없을까? 그들이 더 강한 수요를 가지고 있으니까 말이다. 이 질문에 대한 답은 명확하게 아니라고 할 수 있다. 이미 커져 버린 기존의 창업자들은 새로운 신규 창업자와는 다른 구조를 가지고 있기 때문이다.

웬만큼 성공과 안정을 이룬 사람들에게는 더 이상 변화하면서 불확실성을 감수할 이유가 없다. 과거에 하던 대로만 해도 현재의 이익이 유지되기 때문이다. 그리고 수십 년의 세월이 지나면서 체력과 도전 의식도 무뎌졌다. 직원이 많은 조직에서는 관료주의도 팽배할 수밖에 없다. 그래서 새로운 것들을 실행하기가 힘들다.

신규 창업자는 적은 돈으로 도전을 한다. 여기서 실패하면 파산하여 신용 불량자가 될 수밖에 없는 처지에 놓여 있다. 기존의 창업자는 여유가 있다. 직원을 시켜서 일을 진행하고 직원들은 최선을 다해서 일한다. 실패할 경우 나쁜 고과를 받을 수도 있다. 실패해서 인생 전체를 날려버릴 가능성이 있는 사람과 누군가에게 일을 위임해 두고 결과를 기다리는 사람 중에 누가 경쟁에서 우위에 있을까? 결과는 말하지 않아도 알 수 있다.

신규 창업자가 유리한 점은 바로 그것이다. 지식의 유무나 자원의 풍족함이 아니다. 이미 지식은 많은 사람들에게 있고 무엇이 문제인지 알고 있다. 하지만 아는 것과 행동하는 것은 다르다. 새로운 신규 창업자들은 지식이나, 자원은 부족할 수밖에 없지만 절박함을 배경으로 한 실행력에서는 그 누구보다 유리하다. 하나밖에 없는 자신의 인생을 걸었기 때문이다.

그럼 반대로 기존에 사업을 진행하던 사람들이 신규 사업으로 뛰어들기 위해서는 어떻게 해야 될까? 답은 이미 나와 있다. 결국은 구조를 잘 짜야 한다. 회사의 성공과 아무런 연관이 없는 사람들에게 일을 시켜 놓고 결과를 바라는 것 자체가 이미 구시대의 유물이 되어버렸다. 요즘 사람들은 예전같이 맹목적인 충성을 하지 않는다. 계산을 할 수밖에 없다. 특히 똑똑한 사람들의 경우는 더 심하다.

목숨을 걸고 일하는 창업자와 경쟁을 해서 시장을 차지하기 위해서는 목숨까지는 아니어도 자리를 걸고, 그에 합당한 보상 정도는 줘야 하지 않을까? 그래서 대부분 대기업에서 하는 신사업들이 실패한다. 성공해도 얻는 게 아무것도 없는 사람들끼리 구성된 조직에서는 다들 생명 연장의 꿈만을 꾸고 있다. 어차피 실패해도 나오는 관계가 없으니까.

결국 모든 것은 구조다. 구조를 어떻게 만드는가에 따라 기존의 사업자를 신규 창업자가 이길 수도 있고, 새로운 신규 창업자를 기존의 사업자들이 이길 수 있다. ♠

startup

19

위기:
리스크 관리가
성장을 만든다

사업을 하다 보면 힘들 때가 있다. 믿고 있었던 사람에게 배신을 당하는 경우도 있고, 갑자기 매출이 급격하게 줄어드는 경우도 있기 마련이다. 자금이 부족한 경우도 있다. 극단적인 사례지만 코로나로 인해 여행업을 하던 사람들은 갑자기 예상 매출이 0이 되는 초유의 사태를 겪기도 하였다.

2021년부터 이어진 이자율 상승과 경기 침체로 인하여 곤란에 빠진 회사들이 많다. 자본 시장이 얼어붙어 투자를 받지 못하는 기업들이 특히 많아졌다. 스타트업의 경우 상당 부분 투자를 받고 인력을 채용하거나 회사를 확장하는 방식으로 성장한 기업들이 많았기에 경기 침체와 자본 시장의 변화는 스타트업을 하는 사람들에게는 커다란 위기로 다가왔을 것이다.

미래를 예측하면서 보수적으로 사업을 운영해야 했다거나 혹은 경영자들의 잘못이라고 이야기하는 것은 상당히 사후적인 해석이다. 2022년 6월, 미국의 기준 금리가 상승하기 불과 한두 달 전까지만 하더라도 스타트업에 투자하는 사람들은 모두들 회사가 빨리 투자를 받은 돈을 쓰면서 빠르게 성장하기만을 원했다. 예전에 그랬던 것과 같이 말이다. 그러나 두 달 뒤에는 모두들 스타트업의 위기를 경고하면서 비난이 시작되었다.

물론 스타트업을 운영하는 경영자들이 100% 잘못이 없었다고 말하는 것은 아니다. 어찌되었든 모든 것은 경영자의 책임이기 때문이다. 그럼에도 불구하고 가끔은 너무 비정하다는 생각이 들 때가 있다. 특히 사업을 하다 보면 이해관계자들은 계산이 매우 정확하다는 것을 알게 된다. 경기가 좋을 때는 가족이 되지만, 상황이 악화되면 각자의 계산기를 꺼내는 모습을 보게 된다. 결국 모든 책임은 창업자와 대표가 지게 되는 것이다.

경영학 교과서에서는 회사의 주인을 주주라고 한다. 주주들은 모두들 유한한 책임을 지면서 각자가 출자한 만큼 책임을 진다. 이런 측면에서 회사의 주인은 주주가 맞다. 소유 주식이 100%가 아닐 뿐 본인이 소유한 지분만큼은 주인이 분명하다.

하지만 사업을 하다 보면 자기가 처음에 돈을 낸 만큼 유한 책임만을 지는 경우는 극히 드물다. 특히 창업자는 대부분 연대 책임을 지게 된다 국가에서 보증해 주는 특별한 경우를 제외하고 일반적인 금융 기관은 아직도 연대 보증 제도가 남아 있다. 그리고 각종 입찰, 계약, 세금까지 대부분의 경우, 책임은 창업자이자 대표가 지게 된다. 그래서 나는 약간은 농담으로 회사의 주인은 연대 보증을 선 사람이라고 말한다. 지분 구조와 관계없이 마지막까지 책임을 지기 때문이다. 그런 면에서 보면 직원들에게 '너는 회사의 주인'이라고 주입하는 것도 문제가 있는 것이 아닐까? 엄밀히 말하자면 직원은 회사의 주인이 아닌 구성원이다. 소유하지는 않지만 업무의 주인임은 분명하며 회사를 구성하기 때문이다.

연대 보증까지 지면서 회사를 지키는 창업자들은 위기의 순간에 어떻게 할까? 대부분의 창업자들은 타고난 사업가적 기질을 가지고 있다. 그래서 극한의 순간에 몰리고 있어도 다시금 회생을 꿈꾸는 경우가 흔하다. 이런 기질은 긍정적인 요소들도 가지고 있지만 최악의 순간에 리스크 관리가 전혀 되지 않는다는 단점도 있다.

사업을 하다가 자금이 모자라서 '어, 큰일났다!'라는 상황에 놓이게 되고, 극도의 긴장을 하게 될 때가 있다. 창업자가 큰일났다고 느끼는 순간에는 일반적으로 리스크가 관리 가능한 시기가 넘어선 때가 많다는 것이 중요하다. 리스크를 잘 보는, 위험에 민감한 사람들이 느끼는 위험의 척도는 조금 다르다. 여기서 정리를 하면 상황이 잘 마무리될 수 있을 것이라고 느끼는 순간이 일반적인 통념보다는 조금 빠르기 때문이다. 현재 가진 돈으로 직원의 급여를 갚고 급한 거래처의 채무를 막고 회사를 정리할 수 있는 시간은 창업자가 큰일났다고 느끼는 순간보다 빠른 경우가 많다.

하지만 창업자들은 그 누구도 그때가 위기라고 생각하지 않는다. 직원 급여가 밀리고, 거래처의 채권이 밀려도 앞으로 들어올 돈이 약간이라도 있다면 창업자들은 포기하지 않는다. 가족과 기존 투자자, 신규 투자자들을 만나면서 돈을 빌리고 후일을 도모한다. 물론 이런 긍정적인 자세로 인하여 막판까지 갔다가 살아남은 사람들도 있다. 그중 큰 재벌이 된 사람도 있고, 자신의 인생을 돌아보며 기억되는 순간 중 하나로 회상하며 책으로 발행하기도 한다.

반면 끝까지 버티다가 파산하는 사람도 있다. 이미 경험 많은 사람은 알겠지만 파산해도 세금은 사라지지 않는다.

국세는 평생 갚아야 한다. 그리고 파산으로만 끝나면 좋은데, 많은 경우 소송으로 이어지게 된다. 다행히 고의성이 없거나 상대방이 나의 의도적인 사기를 입증하지 않는 이상 감옥을 가는 경우는 많지 않다. 근로자와 관련된 횡령 사건 등을 제외한다면 말이다. 하지만 사업이 망해서 나도 힘들고 가정도 힘든 최악의 상황에서 소송을 하게 되면 스트레스가 어마어마할 수밖에 없다.

더욱 최악은 관리 소홀이나 직원들의 급여가 밀리는 상황이다. 회사와 노동자에 대한 관계의 규정이 엄격한 한국에서는 임금과 관련된 문제로 정부 기관에 소환되거나 형사적인 제재를 받는 경우도 있다. 그래서 성공하기 위해서가 아니라 살아남기 위해서 가장 중요한 것은 큰 리스크를 관리하는 것이다. 회사와 대표는 분리되어 있지만, 역설적이게도 위기의 순간이 찾아오면 모두 대표만 찾는다. 책임질 사람을 찾아서 반드시 대가를 치르게 하기 때문이다. 그래서 창업자와 대표들은 자신이 어떤 리스크를 지니고 있는지를 평소에 잘 알아야 한다. 회사의 리스크만 관리하다가 자신이 나락으로 가는 경우도 흔하다.

'나에게 어떤 위험이 있지?' '최악의 상황에서 어떻게 하지?'라는 생각을 가지고 있다 보면 자연스럽게 리스크를 관리하는 능력이 생겨날 수밖에 없다. 이런 사고방식을 가지고 있으면 사람이 지나치게 소극적으로 변할 것 같지만 의외로 그렇지 않다. 적극성과 리스크 관리의 성향은 공존할 수 있다. 특히 창업자들은 마지막 순간에도 기회를 찾는 사람들이기 때문에 아무리 리스크에 대한 훈련을 해도 기회를 파악하면 뛰어들 수밖에 없는 성향을 가지고 있다.

그래서 창업자는 최악의 리스크를 피하는 훈련을 항상 해야 한다. 자신이 살아야 회사가 살 수 있다는 생각으로 말이다. 창업자나 대표가 하는 신용 관리는 비단 자신만의 이익을 챙기는 행동이 아니다. 한국 사회와 같이 한 명에게 궁극적으로 책임을 물을 수밖에 없는 상황에서는 대표가 무너지면 회사도 무너지게 된다. 그래서 결과적으로 자신을 관리하는 것이 회사를 관리하는 것이 된다.

이러한 훈련에는 단순히 지식만 포함되는 것이 아니다. 힘든 상황에 놓이면 판단력을 잃어버리게 되는 경우가 많다. 지식은 전문가를 통해서 해결할 수 있다. 하지만 마지막 선택은 결국 본인이 할 수밖에 없다. 대부분의 상황에서 정답은 하나가 아니다. 몇 가지 다른 선택지가 놓이고 그것을 고르는 것은 자신이다.

어려운 상황에서 적절한 판단을 내리기 위해서는 평소 자신의 생각을 객관화하는 훈련을 해야 한다. 나도 가끔 혼란스러운 상황에 직면할 때가 있다. 몇 가지 옵션들이 있고, 이것 중에서 하나를 선택해야 할 때가 생긴다. 그런 상황에서 나는 흰색의 종이를 하나 꺼낸다. 그리고 내가 판단을 내려야 하는 의사 결정에 이름을 붙인다. 그리고 왼쪽에는 얻을 것, 오른쪽에는 잃을 것 리스트를 적는다. 두세 가지 옵션을 적었으면 이제 가장 위에 내가 이 판단으로 얻고자 하는 것을 적는다. 두 가지 정도 목표를 적는다. 그리고 이미 기재된 목표에 따라 얻을 것에 적힌 리스트를 탐색한다.

이미 적어 놓은 리스트에 내가 얻고자 하는 목적이 있으면 절반은 온 것이다. 이제 잃을 것의 리스트를 보고 내가 감당할 수 있을지 생각한다. 감당할 수 있다면 실행하고, 감당할 수 없다면 리스트를 삭제한다. 그리고 이 과정을 반복한다. 만약 최초의 목표를 달성할 수 없으면 차선의 목표를 적는다. 기계적인 과정의 반복을 통해서 나는 내가 원하는 것이 무엇이고, 무엇을 통해서 달성할 수 있는지 결정할 수 있다.

불안함과 걱정 등의 감정을 배제하고 순수하게 사실만으로 의사 결정에 이를 수 있게 된다면 다시 한번 절차를 전문가에게 확인받으면 된다. 그리고 내가 내린 의사 결정을 실행하고 앞으로 나아가면 된다. 만약 절망적인 상황에서 어떻게 해야 할지 판단이 어려울 때 시도할 수 있는 좋은 방법이다. ♠

startup

20

시간:
사업은
백 미터 달리기가
아니다

사업을 하다 보면 다양한 사람들을 만나게 된다. 나에게 도움을 주는 다양한 사업 파트너, 돈을 투자해 주는 투자자와 같이 좋은 사람들도 있지만 가치관의 변화를 줄 만큼 이상하거나 악한 사람들도 있다. 때로는 첫인상으로 그 사람을 파악하기도 하고, 주위 사람들에게 평판을 듣고 어떤 사람인지 알게 되는 경우도 있다. 하지만 그 어디에도 정답은 없다. 그래서 다양한 사람을 만나는 사람은 비록 사업가가 아닐지라도 관상을 보는 법을 배우는 등 다양한 형태로 사람에 대해서 파악하는 방법을 배우기 마련이다.

사람들은 다양한 모습들을 가지고 있다. 평소 모습, 성공했을 때의 모습, 그리고 실패했을 때의 모습이 모두 다르다. 합리적이고 온순한 사람도 있고, 다소 감정적이고 공격적인 사람도 있다. 그리고 신기하게도 이런 성향들은 극단적인 상황에 놓였을 때, 평소와는 매우 다르게 나타난다. 사람의 본심을 알려면 술을 먹어봐야 한다고 하지 않는가? 아마 이 말은 극단적인 상황에 놓여 봐야 사람의 본성을 알 수 있다고 하는 말인 듯하다. 하지만 아무리 온순하고 착한 사람이라도 생존이라는 일 앞에 서게 되면 변할 수밖에 없다. 그런 모습을 보고 평소의 모습과 본성을 추론하는 것은 지나치게 극단적인 가정이라고 생각한다. 그래서 극한의 상황에서의 모습보다 평소의 모습이 더 중요하다.

그런데 이 중요한 평소의 모습은 두 가지에 의해서 결정된다. 하나는 그 사람이 '돈을 버는 구조'이고 다른 하나는 '주어진 시간'이다. 먼저 돈을 버는 구조가 무엇보다 중요하다. 사람은 누구나 자신의 이익을 추구한다. 하지만 모두들 똑같은 방법으로 돈을 버는 것은 아니다. 어떤 사람은 물건을 팔기도 하고, 누구는 명성을 팔기도 한다. 그래서 돈을 버는 구조가 중요하다. 의사 결정은 대부분 돈을 버는 구조에 달려 있기 때문이다.

과거에는 돈을 버는 구조만으로 사람을 평가하기 어려웠다. 경제적 이익은 언제나 생존을 위해서 중요한 문제였지만 생존을 넘어선 이념을 중시하는 시대가 있었기 때문이다. 미래가 극도로 불확실한 시대에, 사람들은 살기 위해서 이념을 돈보다 우선시했다. 그러나 이제 이념 간 경쟁은 점차 사라지고 경제적인 이득이 그 무엇보다 우선시되는 시대가 왔다.

두 번째는 시간이다. 사람마다 주어진 시간은 다르다. 생명의 유한함을 이야기하는 것이 아니다. 돈을 버는 구조와 관련된 이야기이다. 돈을 버는 구조가 다르다는 것은 주어진 환경에서 이익을 얻는 과정을 의미하는 것이다. 여기에서 말하는 구조에는 이해관계자들을 포함하여 당사자가 이익을 가져가는 설계도가 포함되어 있다. 이 설계도는 한 면으로도 설명되고 그려질 수 있지만 조금 더 입체적으로 설명이 되려면 시간이라는 변수가 포함되어야 한다. 사람마다 이익을 얻을 수 있는 구조와 시간은 다르기 때문이다.

현재의 이익과 미래의 이익은 다르다. 현재는 이익이 될 수 있지만, 1년이나 2년 후에는 기회가 사라질 수도 있다. 그래서 단기적인 이익만을 추구해야 하는 상황에 놓이면 마음이 조급해질 수밖에 없다. 단기적인 이익만을 추구하면 장기적인 목표를 놓치게 되는 경우가 많다. 눈앞에 이익에 집중할 수밖에 없기 때문이다. 장기적인 이익은 독점적 상황과 같은 구조가 아니라면 언제든 잃어버릴 수 있다. 경쟁자의 등장, 환경과 규제의 변화 등의 요소들은 모두 장기적인 이익을 방해하는 요소들이다.

이러한 이익의 시간차는 거래 상대방과의 협상 공간, 그리고 기회를 만든다. 최근 투자 환경의 악화로 스타트업은 큰 어려움을 겪고 있다. 하지만 스타트업은 투자자들의 펀드에는 만기라는 것이 있다는 것을 어렴풋이 알고 있다. 즉, 펀드의 설정 기간 내 어떤 일이 있어도 투자가 이루어진다는 것을 알고 있다는 것이다. 그래서 만기가 다가오는 펀드들을 찾아다닌다. 상대방에게 주어진 시간이 적어지는 것은 곧 나에게 기회라고 생각하기 때문이다. 이러한 기간의 차이로 인해 스타트업은 추가적으로 자본 조달을 할 수 있는 기회를 얻는다. 물론 만기가 다가온다고 아무 곳에나 투자를 하지는 않지만, 그럼에도 불구하고 한 가닥 밧줄이라도 잡아야 하는 스타트업에게는 기회일 수밖에 없다.

투자자와 창업자의 시간이 다를 수밖에 없는 것처럼 다른 이해관계자들도 마찬가지다. 각자의 이해관계를 실현할 수 있는 시간이 다르다. 그래서 누군가 처음 만나는 이해관계자들을 파악하는 순간에는 단순한 비즈니스 모델이 아니라 시간이 포함된 요소를 고려해야 한다. 이 사람에게 주어진 시간과 나의 시간을 비교하는 것은 생각보다 협상에서 중요한 요소가 될 수 있기 때문이다.

창업자들에게 주어진 시간은 짧을까 아니면 길까? 사람의 성향에 따라서 다르지만 나는 시간을 짧게 가지면 안 된다고 생각한다. 이 말은 지나치게 느긋함이나 여유를 가지라는 말은 아니다. 대부분의 창업자들은 위기를 코앞에서 마주하고 있고, 살면서 몇 번의 위기를 겪게 된다. 이런 상황에서 느긋함을 가질 수 있는 창업자들은 거의 없을 것이다. 현재의 기회를 놓치게 되면 다시는 기회가 돌아오지 않는 경우도 많기 때문이다. 그래서 사업하는 사람들은 항상 단기적인 시야를 가질 수밖에 없다. 지금 당장 살아야 하기 때문이다. 사람은 생존에 임박하면 시야가 좁아질 수밖에 없다. 당장 살 방법을 찾다 보면 하루하루 시간의 길이는 더 짧아진다.

이렇게 짧아진 시간들은 마음을 조급하게 만든다. 주위의 성공한 사람들에 대한 기준도 달라진다. 짧은 시간 내에 성공한 것처럼 보이는 사람들이 눈에 보이고, 스스로의 상황에 대해 자괴감도 든다. 특히 요즘과 같이 빠르게 성장하는 스타트업에 대한 기사들이 쏟아지는 사회에서 이런 현상은 더욱더 커진다. 대규모의 자금을 받아서 빠르게 시장에 쏟아내고 다시 달리는 전략을 보면서 상대적 박탈감이 드는 사람들도 많을 것이다. 그들은 성공하고 나는 실패했다고 느낄 수도 있다.

그러나 모든 사업가들이 그렇게 될 수는 없다. 누군가가 유니콘의 가치를 인정받고 투자를 받았다고 해서 무조건 성공한 기업이 되는 것은 아니다. 오늘 내가 유니콘이 안 되었다고 해서 실망할 필요도 없다. 성공이라는 목표의 시간은 길다. 다만 짧아진 의사 결정 구조와 시간으로 인하여 마음이 조급해진 것일 뿐이다.

처음 사업을 시작할 때 2년 내에 큰 성공을 이루려고 하였나? 미디어 혹은 누군가의 영향으로 그런 생각을 가지고 사업을 시작했다면 다시 자신을 가다듬어야 한다. 사업은 오래 하는 것이다. 남은 인생에 걸쳐서 진행되는 것이 사업이다. 성공이라는 목표를 만들어가는 시간이 반드시 짧아야 되는 것이 아니다.

나의 인생 구조에서 시간은 어떠한가? 지나치게 짧게 잡혀 있지는 않은가? 맥도날드를 만든 레이 크록은 53세에 사업을 시작했다. 이전까지는 줄곧 영업 사원이었으며, 그리 성공적이지도 않았다. 페이스북을 만든 저커버그나 빌 게이츠와 같은 젊은 나이에 성공한 사람들은 그리 많지 않다. 아

마존은 상장 이후 적자를 이겨 내는 데 수십 년이 걸렸고, 쿠
팡도 살아남기까지 십 년 이상이 걸렸다. ♠

21

기술:
변화와 함께
살아남기

지금까지 IT의 극적인 변화는 세 차례 있었다. 첫 번째 변화는 1990년대 말, 2000년대 초반에 있었던 인터넷의 대중적 보급이고, 두 번째 변화는 2010년대 초반 스티브 잡스로부터 시작된 모바일 혁명이다. 그리고 마지막 세 번째 변화가 지금의 AI이다. 사람들은 세 번의 변화를 겪으면서 많은 학습을 해 왔으며, 그것을 자신의 경험으로 바꿔가고 있다.

첫 번째 변화에서 사람들은 무엇을 배웠을까? 이 시기에 사업을 한 사람들은 크게 두 부류로 나눌 수 있는데 한쪽은 큰 성공을 이룬 이들이고, 다른 한쪽은 처절하게 실패를 겪은 이들이다. 부의 축적은 개인적인 사연이라는 변수가 있기에 단정적으로 원인과 결과를 명확하게 구분하기는 어렵다. 하지만 분명한 것은 그때의 변화로 많은 이들의 삶이 변했다는 점이다.

요즘 창업자들은 투자 유치부터 시작한다. 모험 자본도 인터넷의 시작과 더불어 활성화되었다. 하지만 지금과 그때의 벤처 캐피탈의 모습은 사뭇 다르다. 그 당시에는 완벽히 정글에 가까운 모습이었다. 심사역이 자신이 투자한 회사에 회사 돈을 아무렇지도 않게 투자해서 갑자기 엑시트를 시도하는 경우도 있었고, 투자를 받은 대표가 한순간에 돈을 가지고 해외로 도주하는 경우도 있었다. 처음 겪는 인터넷 버블 시대에 사람들은 적응하지 못했다. 한 단계 한 단계 밟아 가려는 사람들에게는 너무나 무법천지의 세계였을 것이다. 규칙과 룰이 없고 한탕만 있는 시기였다. 누군가는 시장에서 큰 돈을 잃고 사라지기도 했고, 또 누군가는 엄청난 부자가 되기도 했다. 그리고 사람들은 IT의 변화는 엄청난 레버리지를 가져온다는 것을 깨달았다.

그리고 두 번째 변화가 왔다. 모바일 버블 시기에도 레버리지는 엄청났다. 십여 년간에 걸친 버블로 수십억, 수백억, 수조 원대의 부자가 생겨났다. 일부 회사는 파산을 면치 못했지만, 누군가는 유니콘이 되고, 미국 증시에 상장하기도 했다. 그리고 이제 다시 그 시대의 끝이 다가왔다.

모바일 버블 시대의 종말을 알린 것은 바로 위워크의 파산 신청일 것이다. 위워크는 손정의 회장에게 투자를 받으며 엄청난 레버리지를 일으켰다. 지금 보면 말도 안 되는 투자이겠지만, (손정의 회장은 투자를 후회한다고 회고했다) 그 당시에는 나름 합리적인 판단이었을 수도 있다.

공간을 쪼개서 사람들에게 임대를 주는 방식은 실제로 단위당 임대료를 훨씬 더 많이 늘렸다. 그리고 사람들의 생활도 바꾸었다. 고정적인 사무실을 얻기 위해서 부동산을 기웃거리던 모습이 바뀌기 시작한 것이다. 위워크의 창업자인 아담 노이만은 엄청난 부를 축적했다. 위워크의 실패와는 별개로 창업자는 부를 축적할 수 있었던 것이다. 이제 사람들은 또 무엇인가를 배웠다. IT의 변화는 또다시 레버리지를 만들었다는 것을.

하지만 여기서 우리가 놓친 게 있다. 인터넷 버블 시기에 돈을 못 벌고 교훈을 얻은 사람들은 모바일 버블 시기에서 엄청나게 돈을 많이 벌었을까? 인터넷 버블 시기를 겪으며 학습 효과가 있었으니 당연히 그렇지 않았을까? 그런데 모바일 버블 시기에 성공한 기업들을 보자. 위워크, 쿠팡, 배달의 민족…, 1차 버블에서 뭔가 교훈을 얻어서 2차 버블에서 성공을 이룬 것 같지는 않다. 누군가는 아마 1차 버블에서 교훈을 얻고, 그것을 토대로 기업을 크게 만들었을 수도 있겠지만 그런 일은 그렇게 흔하게 일어나는 일은 아니다. 과연 IT의 발전은 레버리지를 얻기 위한 교훈으로서 의미가 있는 것일까?

우리는 모두 생존자의 편향(survivorship bias)을 가지고 있다. 구글, 네이버, 배달의 민족, 쿠팡 등 들으면 누구나 알 만한 기업들이다. 하지만 모든 기업들이 이 정도의 규모를 갖춘 것은 아니다. 수백 억, 수십 억의 매출을 만드는 기업들도 여전히 잘 생존하면서 자신의 길을 개척하고 있다. 우리 눈에 보이지 않는 기업들이라고 해서 꼭 쓸모없는 기업은 아니라는 것이다.

1차 버블 시기의 교훈을 토대로 2차 버블 시기에 미친듯한 성장을 이뤄 내서 큰 성공을 이룬 사람들은 많지 않다. 하지만 그것과 관계없이 1차 시기부터 2차 시기를 거쳐 현재까지 꾸준히 생존하면서 작지만 강한 기업을 만들어 낸 사람들은 존재한다. 꼭 수백 억, 수천 억의 매출을 만들어 내야만 성공한 기업인 것은 아니다. 그 사람들은 레버리지를 충분히 누리지는 못했지만 회사가 망할 위험은 피했고 근근이 버티면서 현재는 새로운 기술을 활용하여 또 조금씩 성장하고 있다.

이들은 3차 변화인 AI의 변화에는 어떻게 적응할까? 아마 비슷할 것이다. 새로운 기술을 활용하면서 변화를 시도했을 수도 있다. 그러나 그것이 큰 성장으로 이어지지 못했을 가능성도 있다. 하지만 중요한 것은 큰 성장을 만들고 엄청나게 큰 기업이 되었느냐가 아니라 이 변화 속에서 살아남을 수 있냐는 것이다.

AI로 인한 사회의 변화는 이제 시작점에 있다. 아직은 아무것도 변하지 않은 수준에 불과하다. 나를 비롯한 다수의 사람들은 시대에 적응하기 위해 또 다른 모험을 시작해야 한다. 그리고 자신의 영역을 지키고 더욱 발전시키기 위해 노력하는 사업가들도 있을 것이다. 현재 다가올 파도 속에서 큰 성장을 이루어 내지 못했다고 좌절하지 않아도 된다. 살아남았다는 것만으로도 존재의 이유는 충분하니까. ♠

22

사례:
반복된 실패와 성공을
관찰하기

최근 10년간은 스타트업의 큰 호황기였다. 스티브 잡스가 연 새로운 시대는 사람들의 생활을 바꾸어 놓았고, 이것은 곧 새로운 사업 기회가 되었다. 그리고 이 기회를 포착한 모험 자본들은 큰돈을 만들 기회를 놓치지 않았다. 사람들은 예전보다 더 쉽게 자본을 모았고, 이러한 현상을 목격한 사람들은 창업에 도전했다. 새로운 사업은 항상 존재했지만, 스타트업이라고 정의되는 새로운 사업들은 모험 자본을 등에 업고 좀더 빠른 성장을 만들어 내기 시작했다.

과거에도 많은 사업가들이 있었다. 한국 스타트업의 원조격인 현대의 창업자 故정주영 회장은 소 한 마리를 가지고 창업을 해냈고, 현재의 스타트업이 이야기하는 과감한 성장을 위한 베팅의 원조였다. 말년이 비록 좋지 못했지만, 한때 글로벌 기업을 꿈꾸었던 故김우중 회장도 있다. 대우라는 이름 아래 해냈던 수많은 성공 사례들은 그와 그의 제국이 무너지기 전까지는 한국을 대표하는 비즈니스맨의 성공 신화였다.

그런데 故정주영 회장이 소를 팔아서 창업 자금을 마련한 일화는 반대로 열악한 자본 조달의 인프라를 보여주는 것이다. 엄밀히 말하면 자기 집의 재산을 무단으로 사용할 수밖에 없었던 것이 아닌가. 스티브 잡스로 인하여 열린 대창업의 시대에는 굳이 집에 있는 소를 가지고 나오지 않아도 좋은 사업 기회를 가져온다면 돈을 주겠다는 투자자들이 넘쳐난다.

이 돈은 가치를 만들어 내기도 하지만 반대로 안일함을 만들기도 한다. 호황기에 손쉽게 얻은 자본들을 소모하면서 달리는 회사들은 불황기를 이겨 내지 못한다. 언제나 늘 돈이 있는 것처럼 회사의 운영 지침을 만들어 놓은 회사들은 불황기에 초입에 들어서면서 모두 무너져 내리기 마련이다. 그리고 이 모든 일은 한순간에 일어난다.

그러면 상황이 바뀌기 전에 준비를 하면 되지 않겠느냐고 물을 수도 있다. 하지만 그 누구도 이제 때가 왔다고 말해 주지 않는다. 혹은 누군가가 말해 줘도 제대로 듣지 않는다. 그동안 풍부한 자본의 세계에 길들여져 있었기 때문이다. 호황기의 자본 조달 방식이 평생 유지될 것처럼 생각하는 사업가들은 큰 타격을 받을 수밖에 없다.

살아남은 선배 사업가들은 세상은 그렇게 움직이지 않는다고 말해 주지 않는다. 다만 자신이 준비하고 조심하는 모습을 통해서 생존의 법칙을 이야기해 줄 뿐이다. 호황기의 법칙에 익숙해져 왔던 사업가들은 불황기가 오면 깨닫게 된다. 그동안 자신이 너무나 보수적이고, 옛날 사람이라고 생각했던 나이 든 사업가들이 단순히 보수적인 사람이 아니었다는 것을 말이다. 그들은 보수적인 사업가가 아니라 '살아남은 사업가'였던 것이다.

호황과 불황을 오가는 경기의 변화 속에서 살아남은 사업가들에게는 많은 상처가 있다. 사람에게 배신당하고, 믿었던 사업을 실패했으며, 자본 조달이 어려워져 극한까지 가 본 경험들은 그를 좀더 보수적인 사람으로 만들었을 뿐이다. 그래서 새로 사업을 시작하는 사람들은 자신만이 혁신적이고 자신이 생각하는 방법만이 옳다고 생각해서는 안 된다. 살아남기 위해서 투쟁했던 사람들의 이야기에 관심을 기울이고 자신에게 유리한 것들을 흡수해야 본인도 살아남을 수 있다.

창업자들은 혁신을 만들 수도 있고 아닐 수도 있다. 모든 창업자가 구글을 만들 수 없고, 애플을 세울 수도 없다. 스타트업 창업자들은 보다 높은 수준의 혁신을 만들어 내는 것을 목표로 삼는다고 하지만 오히려 목표를 생존으로 잡아야 한다. 내 주위에 있는 수많은 창업자들이 쓰러지고 망하는 것을 목격할 때마다 안타까운 마음이 앞선다. 한국에서 한 번 무너졌다가 일어나는 것이 얼마나 어려운지 알기 때문이다.

그래서 사업을 하는 사람들은 과거 사례를 계속 공부해야 한다. 실패의 선례들을 배우고, 원인을 파악하여 자신만의 성공 요소들을 만드는 사람만이 생존하는 회사를 만들어 낼 수 있다. ♠

startup

23

비즈니스 모델:
복잡성은 이익과
비례한다

회사는 자원(사람, 돈 등)을 활용하여 이익을 창출하는 유기적인 존재다. 이익을 창출해야 한다는 사실은 동일하지만 분야에 따라 그 과정은 모두 다르다. 회사의 종류를 구분할 때 사용되는 산업이라는 단어가 바로 이익 창출의 과정을 분류해 놓은 표식이라 할 수 있다. 각 산업으로 들어가면 또 다른 구분자들이 생긴다. 우리는 흔히 이런 표식들을 제조업, 플랫폼, 금융처럼 일상생활에서도 사용한다.

산업의 재무제표를 분석해 보면 저마다 특성이 보인다. 매출액의 규모, 연간 성장률, 매출 원가율, 매출액 대비 인건비율, 영업 이익률 등의 지표들에서 많은 차이가 있다. 특히 초기 기업이 아닌 이미 오랜 세월 사업을 영위한 기업들이 만들어 놓은 지표들은 사실상 업계의 표준이며, 이제 막 사업을 시작하는 기업들이 앞으로 따라가게 될 숫자들이라고 할 수 있다.

산업의 테두리는 생각보다 막강해서, 한 산업 영역의 새로운 기업들이 생겨난다고 해서 쉽사리 전통이 파괴되지 않는다. 특히 제조업 내부에서는 처음에 만들어진 기업들이 아무리 높은 노하우와 효율을 가지고 새로운 기술을 적용시킨다고 해도 획기적으로 원가가 줄어드는 일은 거의 없다. 과거부터 이어 온 전통이 유지되는 것은 회사들이 이익을 창출하는 과정이 유사하기 때문이다. 그러므로 예전부터 쌓아 온 다른 기업들의 궤적을 넘어서는 실적을 만들기 위해서는 다른 경쟁자들과 이익 창출의 과정 자체가 달라야 한다.

제조업은 특히 이런 과정을 변화시키기가 어렵다. 제조업이 경우 사업을 시작하기 위해서 투자된 자본이 향후 이익으로 변하는 과정이 상당히 길고 복잡하게 되어 있다. 초기에 회사를 세우고, 사람을 모으고, 그 돈으로 제품을 만드는 과정을 연구하며 공장을 세우고 제품을 만들고 마케팅을 해서 판매까지 이르는 과정들을 생각해 보자. 투자업에서는 투자자의 돈을 모아서 펀드를 만들고, 투자 대상을 물색하여 투자를 하고, 회수하는 과정을 거친다. 투자업과 제조업을 비교해 보면 투자된 자본이 마지막에 이익으로 변화하는 과정은 후자가 훨씬 복잡하다는 것을 알 수 있다.

이러한 복잡성은 후발 주자가 기존 산업에 들어오기 어렵게 만든다. 제조업에 뛰어들려는 경쟁자들은 막대한 자본과 복잡성을 감수할 만한 용기, 그리고 시장에 대한 지식을 모두 갖추고 있어야 한다. 그럼에도 불구하고 사업을 시작하면 제조 과정에서 일어나는 수율과 재고 관리, 그리고 인력 문제까지 해결해야 한다. 매우 복잡한 과정일 수밖에 없다. 수십 년간 제조업을 해 온 기업들은 이러한 운영상의 노하우를 다수 보유하고 있어서 새로운 경쟁자에 비해서 상당한 우위를 가질 수밖에 없다.

이처럼 선발 주자들이 후발 주자를 압도적으로 이길 것 같지만, 모든 면에서 불리할 수밖에 없는 후발 주자들이 실제로 경쟁자들을 이기는 일이 일어나기도 한다. 제조업은 아니지만 쿠팡 같은 기업들을 보자. 10년 전까지만 해도 작은 인터넷 기업이었던 쿠팡은 이제 대기업 유통과 어깨를 나란히 하고 있다. 쿠팡이 작은 쇼핑몰로 시작해서 천천히 성장했다면 지금의 위치에 다다르지 못했을 것이다. 쿠팡은 모바일 버블 시대의 막대한 모험 자본의 투입과 경쟁자들이 시도하지 않았던 과감한 전략으로 지금에 이르렀다. 쿠팡이 업계에 대한 충분한 지식과 선입견으로 가득 차 있는 기업이었다면 과연 당일 배송을 목표로 막대한 적자를 감수하면서 유통 방법을 바꾸는 전략을 수행할 수 있었을까? 제조업은 아니지만 유통업 또한 제조업과 같이 신규 경쟁자가 거대 경쟁자와 맞서기가 어려운 시장이다. 지금 누가 이마트와 유통을 경쟁하려고 할까? 아무도 생각하지 않았던 일이 10년 사이에 일어난 것이다.

하지만 실제로 이런 사업상의 복잡함을 해결하기는 매우 어렵다. 쿠팡과 같은 기업들이 만들어 낸 성취가 대단한 것일 뿐 대다수는 실패할 수밖에 없는 모험이다. 하지만 원인과 결과라는 측면에서 세상은 약간의 균형을 갖추고 있다. 어려운 문제를 해결하고 복잡한 과정을 이겨 낸 기업들은 높은 수준의 이익을 얻을 수 있기 때문이다. 쉬운 길로 가서 쉬운 문제를 해결한 기업들은 결국 낮은 수준의 이익을 얻는다. 그리고 복잡한 문제와 어려운 문제를 해결하기 위한 위험을 감수한 기업들은 그 누구도 얻지 못할 이익들을 얻게 된다.

이러한 균형들은 새로운 기업들이 탄생할 이유를 만들어 내는 기반이다. 회사를 만들고 유지시키며, 성장시키는 동기들은 다양하지만 결국 높은 이익을 만들어 내고 싶은 욕망이 없다면 생태계가 유지될 수 없다. 하지만 새롭게 시장에 도전하려는 사람들은 분명히 알아야 한다. 이러한 복잡계가 어떻게 이루어져 있는지를 말이다. 높은 성취가 있는 곳에는 많은 실패가 있을 수밖에 없다. 대부분은 그것이 자신이 아닐 것이라고 생각하지만, 현실의 90%는 실패할 수밖에 없다. ♠

24

흐름:
큰 파도를 보면서
계속 달리기

처음 회계나 재무를 공부하면 필연적인 법칙과 인과 관계를 찾으려고 한다. A는 B가 되고, 다시 C가 되는 공식 같은 법칙들 말이다. 이러한 법칙을 따르면 앞으로 완전히 새로운 일이 다가오더라도 기존의 이론을 적용시켜서 문제를 규정할 수 있고, 이미 발견된 법칙에 부합하는 결과를 얻을 수 있다. 그리고 심리적인 안정까지도 말이다.

아무래도 회계를 공부하는 사람들은 체계적인 원칙을 배우기를 원하거나 배우기에 익숙한 사람들일 것이다. 그리고 그 안에서 안정을 찾으려는 경우가 많다. 하지만 실제로 실무에 들어가서 오랜 세월 경력이 쌓여 가면 세상에 고정된 규칙은 없다는 것을 알게 된다. 회계조차도 말이다.

세계 경제의 흐름과 함께 회계의 방향은 많이

변했다. 처음 회계를 배울 때 주심이 되었던 K-GAAP(한국
기업회계기준)은 미국식 회계를 기반으로 했다. A는 B로 처
리하는 식으로 정확하게 규정되어 있었던 것이다. 하지만
몇 년 사이 이러한 제도는 대대적인 변화를 맞는다. 바로
IFRS(International Financial Reporting Standards, 국제회계기준)
의 도입이다.

   현재 대부분의 대규모 기업들이 사용하는 IFRS는 각 기업
의 상황에 맞는 회계 처리를 존중한다. 단순한 나열식의 규
정을 벗어나서 진일보한 방식으로 보인다. 그렇다면 회계
제도를 규정하는 사람들이 자체적으로 계속 변화를 검토해
가면서 이렇게 진일보했을까? 그렇지 않다. 회계 제도에 대
대적인 변화가 일어났던 건 모순적이게도 미국의 회계 부정
으로 인한 사건 때문이었다.*

   당연하게 보이는 인과 관계가 항상 당연하게 일어나지는
않는다. 변화의 방향을 주도하는 것은 하나의 이벤트이거나
갑작스러운 외부의 변수가 될 수 있다. 우연한 기회에 잘못
된 정보를 인하여 내가 회계사가 된 것처럼 전혀 관계없어

---

* 2001년 건실한 에너지 기업으로 알려진 엔론이 회계 조작을 통하여 실적을 부
풀려 왔다는 사실이 알려졌다. 엔론의 당시 시가총액은 660조 원에 달하였으며,
미국의 경제지 포춘이 미국에서 가장 혁신적인 기업으로 선정하기도 하였다. 하
지만 회계 조작이 사실로 들어나면서 파산하였다.

보이는 사건 자체가 큰 변화의 폭풍을 만들기도 한다.

인생의 작은 선택들을 통하여 삶의 방향이 변하듯이 당연한 인과 관계로 인하여 변하는 변수들은 세상에 없다. 인간이 만든 법칙들은 인간의 의도치 않은 선택에 의해서 변해간다. 대부분 스스로가 방향을 정하지 못하고 살아남기 위하여 자신에게 최적화된 방향을 결정한다. 회계 제도가 변하고, 돈의 흐름이 그러하고, 사업도 그러하다.

창업의 세계로 나를 이끌었던 인터넷 버블은 몇 년 지나지 않아서 대규모 폭락을 기록하면서 꺼지게 된다. 주가는 폭락하고 영원할 것 같았던 기업들은 파산하거나 사라졌다. 그리고 살아남은 기업들은 구글이 되고, 아마존이 되었다. 사람들은 살아남기 위한 단기 목표에만 집중해 금융 위기를 넘기고, 건설업 몰락의 위기를 넘긴다. 그리고 십여 년이 지난 이후 다시 모바일 버블이 왔다.

모바일 버블의 폭풍을 만들어 낸 스티브 잡스도 이렇게 상황이 변할 것이라고 예측하지 못했을 것이다. 다만 그는 자신의 이익을 최대화시키고 자신이 생각한 바를 실행했을 것이다. 하지만 작은 손짓은 세상을 바꿔 놓았다. 작은 사건들 사이에 인과 관계는 존재하지만, 커다란 파도들의 관계에는 아무런 인과 관계가 없다.

언제부터인가 면밀한 인과 관계에 집중하지 않는다. 기술적인 측면이 아닌 거시적인 측면에서의 큰 변화들은 절대로 예측할 수 없다는 것을 알게 되었기 때문이다. 오히려 작은 변화들의 만들어 내는 효과들 그 자체에만 집중한다. 큰 파도를 따라가기 위해서는 바로 앞의 변화에만 적응하면 되기 때문이다.

고개를 들어 큰 파도를 보는 것은 잠시뿐이다. 한번 목표를 눈으로 본 뒤에는 바로 앞을 봐야 사고를 방지하고 살아남을 수 있다. 사람과 기업에게 비전은 중요하다. 하지만 현재를 생존하게 해 주는 것은 단기적인 변화다. 60분 중에 5분은 먼 바다를 보고 나머지 시간 동안에는 현실을 이겨 내기 위해서 부지런히 발을 움직여야 한다. ♠

startup

25

학벌:
기업에게 가장 중요한
지표는
매출과 이익이다

투자자의 관심은 초기에 좋은 기업을 발굴하는 것이다. 아직 성장하지 않은 단계이니 가격도 낮은 편이라서 향후 큰 이익을 기대할 수 있다. 대박은 주로 이런 초기 투자에서 나오기 때문에 모든 투자자들의 관심의 대상이 될 수밖에 없다.

하지만 문제는 이런 될성부른 나무를 발굴하기가 어렵다는 것이다. 매출이나 이익도 없는 상태에서 기술만 가지고 있는 경우도 많고, 아무것도 없이 꿈만 가지고 있는 사람들도 있다. 당연히 성공하지 못할 것 같지만 기적적인 성장을 이룬 경우도 많다. 그래서 투자자들은 아무것도 없는 초기 기업들을 투자 리스트에서 지우지 못한다.

투자자들도 대부분은 다른 사람의 돈을 운영한다. 그러려면 나름 제3자가 보기에도 매우 합리적인 기준이 존재해야 한다. 향후 투자가 실패했을지라도 선정 기준이 나름 합리적이라면 전적으로 책임을 묻기는 애매하다. 미국같이 시장 규모가 큰 곳에는 다양한 자금줄이 있고, 투자자들이 있다. 그래서 자신의 실력을 믿고 과감한 베팅을 하는 경우도 많고, 정말 대박을 친 투자들이 나타나기도 한다. 진짜 미친 것 같은 이상을 보여주는 사람들에게 투자해서 세상을 바꾼 사례가 가끔 나오기도 한다.

하지만 한국은 시장 규모가 작다. 미국같이 세상을 바꿀 아이디어가 없는 것은 아니지만 시장의 규모 때문에 세상을 바꿀 정도로 성장하기는 어렵다. 그래서 투자자들도 극한의 모험을 하기는 어렵다. 나름 합리적인 수준에서 모험을 할 수밖에 없는 것이다. 그렇다면 이 합리적인 모험에 부합하는 기준은 무엇이 있을까?

첫 번째 합리적인 모험은 바로 좋은 학벌을 가진 사람에게 투자하는 것이다. 좋은 학벌을 가졌다는 것은 두 가지 의미를 지닌다. 시험 문제를 푸는 것으로 검증된 나름대로의 영리함을 가지고 있고, 긴 세월을 견뎌 낼 만큼의 인내력을 보유했다는 것을 의미한다. 창업이라는 터널을 지나는 동안 겪을 다양한 일들을 견뎌 낼 수 있는 인내력과 문제를 해결할 수 있는 영리함을 검증할 수 있는 기준인 것이다.

그래서 한때 한국 시장에서도 스타트업에 대한 투자는 학벌을 본다는 이야기가 많았다. 어느 특정 대학을 나와서 투자를 쉽게 받았다는 이야기도 있었고, 자신의 학벌을 속이면서 투자를 유치한 사례들도 꽤 들렸다. 그래서 좋은 학벌을 가지지 못한 대표들은 때로는 열등감을 가지기도 하고 위축되기도 했다. 실제로 성공한 스타트업의 표본인 쿠팡 대표는 하버드를 나오지 않았나? 소문으로 들리는 이야기지만 사람들이 위축되는 것도 일리가 있다.

하지만 경험상 반은 맞고 반은 틀린 이야기이다. 현장에서 수많은 대표들을 만나 다양한 프로젝트를 진행하면서 느낀 것은 이런 편견과는 꽤 달랐다. 물론 학벌이 좋은 대표들이 나름대로의 영리함을 가지고 있는 것은 맞다. 한국 사회에서는 경쟁을 이겨 내면서 쟁취한 결과가 바로 학벌이기 때문이다. 문제는 야생에서 벌어지는 사업은 학교에서 벌어지는 문제풀이와는 다르다는 점이다.

시험은 주어진 보기가 있다. 그리고 대부분이 배운 내용을 외우거나 응용하여 문제를 풀도록 되어 있다. 시험을 보는 당사자들에게 같은 시험 시간이 주어지며 당연하게도 공정하게 진행된다. 문제를 푸는 당사자가 스스로를 통제하는 연습을 한다면 안정적으로 문제를 풀어갈 수 있다.

현실 세계는 그렇지 않다. 내가 통제할 수 있는 변수는 극히 적으며, 공통된 시험 시간은 주어지지 않는다. 직원들은 말을 듣지 않고 시장은 수시로 변한다. 그리고 계약서에 적혀 있지 않은 구두 협의 사항은 수시로 파기되며, 사람들은 자신의 이익을 위해서 경쟁자 혹은 파트너에게 비윤리적인 방법을 쓰기도 한다.

책으로 배운 영리함은 이런 상황을 맞닥게 되면 대부분 파괴된다. 자괴감을 얻거나 무력함을 느껴서 큰 좌절감을 얻는 사람들도 많다. 책을 보고 지식을 연마하면서 단련한 인내심은 현실 앞에서는 완전히 무기력한 것일 수도 있다. 매일 아침 불안함에 떨면서 일어나서 아무렇지도 않게 하던 일을 다시 붙잡아 실행하고, 어제 욕하면서 싸웠던 사람과 오늘 친구로 지내야 되는 상황은 학교나 도서관에서 겪는 일상과는 다르기 때문이다.

학벌은 그래서 큰 의미가 없다. 그렇다면 학벌이 아닌 다른 기준은 무엇일까? 두 번째 기준은 바로 경험이다.

연쇄 창업자들이 첫 번째 사업을 엑시트한 뒤에 두 번째 사업을 창업하여 생각보다 어렵지 않게 투자를 유치하는 것은 바로 그 경험 때문이다. 고기도 먹어 본 놈이 먹는다는 말이 있지 않은가? 실제로 사업을 창업해서 일정 규모까지 키위 본 사람들은 그 다음에도 그 단계까지는 쉽게 간다. 마치 정답을 알고 있는 것처럼 말이다.

창업 이후 발생하는 모든 일들을 암기가 없는 상태에서 시험처럼 부딪혀야 하는 신규 창업자들과 비교한다면 연쇄 창업자들은 답을 이미 한 번은 풀어 본 사람들이다. 혼자만 모의고사를 보고 왔는데 남들보다 못하기는 쉽지 않다. 문제 유형이나 해당 상황에서의 여러 가지 문제들을 이미 알고 있다. 게다가 성공적으로 엑시트를 했다면 든든한 자금까지. 이 모든 것이 완벽해 보인다.

하지만 의외로 연쇄 창업을 했다가 망하는 경우도 많다. 모든 사람들이 성공하는 것은 아니다. 예전보다 커진 욕심으로 일을 망쳐버린 경우도 있고, 첫 번째 사업에서 얻은 교훈이 잘못된 것일 수도 있다. 또한 연쇄 창업자들의 경우 과거의 관습에서 벗어나기 어려워서 그것을 지속적으로 답습하는 경우도 많다. 그래서 실수를 연속적으로 반복하기도 하고 똑같은 문제를 해결하지 못하고 망하기도 한다.

투자자들 입장에서는 난감할 수밖에 없다. 정답이라고 할 만한 기준이 없기 때문이다. 반대로 창업자들에게는 희소식이기도 하다. 주어진 상황에서 정형화된 답이 생긴다면 모두들 그것에 맞춰 가야 하지만, 현실에는 다양한 변수가 있기에 누구나 답이 될 수 있다. 그래서 새로운 성공 공식을 만들 수 있는 사례들이 계속 새롭게 생겨나고 시장이 돌아가는 것이다. ♠

startup

26

대학:
사업은 일생에 걸친
학습 과정이다

스타트업과 일을 많이 하다 보면 절대적 기준이 되는 나라가 있다. 바로 미국이다. 창업 세계에서 미국은 모든 국가들의 기준이 된다. SNS의 돌풍을 일으켰던 페이스북이나, 인스타그램 그리고 빠르게 사라지긴 했지만 잠시 열풍이었던 클럽하우스까지 모두 미국에서 탄생했다. 그중 페이스북이나 인스타그램은 세상 사람들이 살아가는 방법을 바꾸었다. 처음에는 자신의 사진을 친구들이나 주변인들이 볼 수 있도록 업로드하던 것이, 점차 마케팅 채널로 바뀌어 갔다. 하나의 산업이 탄생한 것이다. 그만큼 미국의 영향은 스타트업 업계에서는 절대적이라고 할 수 있다.

이런 미국이 창업에 영향을 미치는 또 다른 문화가 있는데 바로 '대학'이다. 대학을 다니다 중퇴를 하고 사업에 전념하여 큰 성공을 거둔 창업자들이 등장하면서 대학 중퇴가 하나의 문화가 되어 버렸다. 심지어 〈제로 투 원〉이라는 책으로 유명한 페이팔의 창업자인 피터 틸은 대학을 중퇴한 학생들에게 일종의 장학금을 지불하기도 한다. 대학 중퇴를 하고 창업을 하는 조건으로 말이다. 이러한 피터 틸의 장학금을 받고서 성공을 거둔 창업자가 있으니 바로 피그마를 28조 원에 매각한 딜런 필드이다. 피터 틸이 내세운 장학금의 취지에 정확하게 부합하는 창업자인 셈이다.

이런 성공 사례를 통하여 대학이 전혀 필요 없다고 생각하는 많은 예비 창업자들이 대학을 중퇴한다. 그리고 최근에는 한국에서도 창업하는 데 대학은 전혀 필요 없고, 해외 대학을 중퇴하는 것이 더 멋진 일이라고 생각하는 사람들이 생겨나고 있다.

이 말은 반은 맞고 반은 틀렸다. 실제로 창업을 하는 데 대학 졸업장이 엄청난 도움을 주지 않는 것은 사실이다. 내 주위에는 대학 졸업장이 없이도 성공적으로 자신의 사업체를 키워 가는 훌륭한 창업자들도 있고, 좋은 대학과 긴 가방끈을 가지고도 실패를 거듭하는 창업자들도 있다. 하지만 그들의 차이가 비단 학벌과 대학의 졸업 유무는 아니다.

전자는 학위의 여부와는 관계없이 매우 똑똑하고 놀라울

정도의 사업적인 지식과 통찰을 지니고 있다. 실전을 겪으면서 버텨 온 지식들은 생존하는 데 큰 힘이 된 것이 분명하다. 그리고 후자의 경우에는 긴 가방끈이 무안할 정도로 고집에 차 있는 경우도 있다. 자신만이 답이라고 믿으며, 고집스러운 입장을 보이기도 하는 것이다. 이게 과연 대학 졸업장의 차이일까? 아닐 것이다. 그렇다면 한국에서도 창업을 하기 위해서 대학에서 쓸모없는 지식을 쌓는 것보다 빨리 대학을 그만두고 실전에 뛰어들어서 경험을 얻는 것이 좋지 않을까?

실제로 이런 질문들을 빈번하게 받는다. 그때마다 나는 피터 틸처럼 가방끈은 짧지만 성공적으로 사업체의 만든 사업가의 이야기를 해 주지 않는다. 대신 인생의 시간표를 좀 더 길게 그려 보라고 말한다.

미국에서 성공한 창업자에 대한 조사를 한 적이 있다. 2018년 하버드 비즈니스 리뷰에는 성공한 창업자의 나이에 대해 조사한 미국 MIT 슬론경영대학원 피에르 아주레이 교수팀의 논문이 발표되었다. 이 연구는 2007년에서 2014년 사이 미국에서 스타트업을 설립한 270만 명을 대상으로 조사했으며 이 중 창업 후 5년간의 매출 증가액이 상위 0.1%에 속하는 기업을 성공한 스타트업으로 정의했다. 가장 성공적인 창업자는 몇 살이었을까? 정답은 평균 45세였다. 전체 창업자 중 성공한 창업자의 32.9%가 40대였다는 것이다.

일반적으로 미국에서 대학을 졸업하고 직업을 가진다고 할 때, 처음 사회에 나올 때의 나이는 대략 24세 정도일 것이다. 45세에 창업을 하려면 약 21년간 누군가에게 고용된 형태로 있었다는 이야기가 된다. 이 21년의 세월은 성공적인 창업과 관계가 없을까? 전체 창업자 중 40대가 32.9%나 되고 50대가 22.6%가 된다는 말은 성공적인 창업자의 절반 이상이 40대와 50대라는 것이다. 그들이 사회에 나와서 지낸 시간은 결코 헛되지 않았다.

창업을 하기 위해서 맨땅에서 아이디어를 생각하는 경우는 그리 많지 않다. 구글에 검색해서 사업의 기회를 발견하고 이를 사업화하는 것보다는 주위에서 기회를 찾는 경우가 더 많다. 수십 년간 일하면서 쌓은 노하우가 '이게 돈이 될 것 같다'는 확신을 만나서 창업이 이루어지는 것이다. 그렇다면 학교에서만 경험을 쌓은 학생들보다는 아무래도 회사도 다녀 보고 다년간의 사회 생활을 해 본 연륜이 있는 사람들이 더 창업에 유리하지 않을까? 사업의 기회를 발견하는 것도 사업의 일종이라고 본다면 더욱더 큰 차이가 벌어질 수도 있다.

만약 한국에서 회사에서 직장 생활 경험을 쌓으려면 어떻게 해야 할까? 일반적인 과정을 거치면서 입사를 하는 것이 대부분이다. 그렇다면 대학을 중퇴하는 것보다는 대학을 졸업하고 회사에서 경험을 쌓아가면서 차근차근 단계를 밟아가는 것이 좋을 수도 있다.

물론 대학을 중퇴하거나 가방끈이 짧은 사람이 사업을 더 못한다는 이야기가 아니다. 언급했듯이 사회에서 쌓은 경험은 책보다 더 앞서기 때문이다. 다만 대학 중퇴자가 더 사업을 잘할 것이라는 이상한 문화를 따라갈 필요는 없다는 것이다. 지금 당장 학교를 그만두고 창업을 해야 할 만한 멋지고 환상적인 아이템이 있으면 중퇴를 해도 좋겠지만, 그런 아이디어가 세상에 넘쳐날 리는 없다. 굳이 창업을 하고 싶다면 학교에 있으면서 해도 충분하지 않을까? 학생으로서 얻는 지원들도 충분히 얻어가면서 말이다.

사업은 단기간에 이루는 꿈이 아니다. 평생을 하면서 쌓아 가는 일이고, 일생에 걸친 학습 과정이다. 대학에서 배우는 것들을 단순히 졸업장 정도의 의미로만 파악하지 않아야 한다. 그 과정도 무엇인가를 배우고 실행하는 하나의 단계라고 생각하는 문화가 한국의 창업 생태계에서 정착되었으면 한다. ♠

27

경계:
다양한 경험이
문제 해결을
돕는다

'사람은 잘 변하지 않는다'는 말이 있다. 사업을 꽤 오래한 사람이나 인생에서 큰 굴곡을 경험한 사람, 그리고 오랜 세월 타인을 관찰한 사람들에게 자주 듣는 말이다. 그렇다면 정말 사람은 변하지 않을까?

사실 나도 사람은 잘 변하지 않는다고 믿는다. 하지만 이런 믿음에는 전제가 있다. 사람은 본인을 둘러싸고 있는 환경에 크게 영향을 받으며, 결국 환경을 벗어날 수 없다는 것이다. 성인이 되기 전까지는 주어진 교육 환경을 거치면서 대부분의 사람들이 유사한 경험을 한다. 그리고 성인이 된 이후부터는 대부분 한두 가지 환경에 정착하게 된다. 기업에서 일하거나, 사업을 하거나 혹은 학교에서 일하는 경우도 있다. 그리고 본인이 처한 환경에 정착하면서 자신의 생각이 더욱 굳어지기 시작한다.

대개 어떤 생각들은 자신을 둘러싼 환경에서 잘 살기 위한 방법에 최적화된다. 특히 경제적인 문제는 사람의 가치관을 고정시키는 데 큰 영향력을 발휘한다. 모든 사람이 수백억, 수천억을 가진 부자가 될 수 없지만, 다들 자신의 경제적인 부를 늘리기 위해서 노력한다. 게다가 한국 사회는 기본적인 인프라가 잘 구성되어 있어 상호 간 비교가 매우 쉽고, 다양한 가치관을 존중하기보다는 단체 활동을 중시하는 경향이 있다. 그래서 경제적인 환경을 더욱더 풍족하게 만드는 데 사람들의 목표가 집중이 되어 있는 경우가 많고 사람들의 생각은 현재의 주어진 환경에 고착화될 수밖에 없다.

하나의 환경에 묶인 사람은 생각을 바꾸기가 어려우며, 시간이 지날수록 다른 영역을 이해하기가 어려워진다. 이러한 생각은 행동에까지 영향을 미치게 된다.

하지만 거꾸로 생각해 본다면 어떨까? 쉽게 생각해서 환경을 변화시켜 본다면 말이다. 특히나 사람들의 생각에 많은 영향을 미치는 '돈을 버는 방식'과 '경제적인 문제'를 바꿔 보면 어떤 일이 일어날까? 사람들의 생각이 점차 변화한다면 지금처럼 다른 곳만을 바라보면서 이견을 좀처럼 좁히

지 못하는 상황을 바꿔 볼 수 있지 않을까?

그래서 나는 요즘과 같이 N잡러가 자연스럽게 생겨나는 사회의 변화가 우리 사회를 좀더 긍정적으로 변화시킬 것으로 생각한다. 고용의 형태에 따라 사람들의 생각이 고착화될 수밖에 없다는 것은 고용의 형태가 달라지면 사람들의 생각도 변할 수 있다는 것을 의미한다. 모든 사람들의 생각이 근본적으로 변화할 수는 없겠지만, 그래도 조금은 더 생각이 유연해질 수 있을 것이다.

이러한 변화는 단순히 한 사람을 넘어 한 사회를 변화시킬 수도 있다. 물론 기업의 입장에서는 고용의 형태가 불안해질 가능성도 있다. 하나의 회사에 집중해야 되는 사람이 다양한 업무를 진행하면서 집중력이 분산될 수 있기 때문이다. 그러므로 기업 입장에서는 어디까지 N잡러의 행동들을 허용해야 할 것인지 고민일 수도 있다. 실제로 구글과 같은 회사에서는 회사와 고용 관계를 맺고, 수행하기로 한 일들만 제대로 수행한다면 업무 시간 이후나 주말에 자유롭게 개인 활동을 하는 것을 오히려 권장한다. 이것은 단순히 미국이라는 나라가 쿨하기 때문에 발생하는 일은 아니다. 미국은 스스로 쿨한 척하기는 하지만 철저하게 보수적인 나라이며, 경제적인 효율성을 포기하면서까지 멋을 위한 제도를 만드는 곳은 아니다.

회사라는 공간은 직원들이 단순히 아침에 일찍 출근해서 커피를 마시면서 시간을 때우고 근무 시간의 일부만 집중해도 되는 공간이 아니다. 수행하는 업무들이 결과를 만들어 내고 가치를 만들어 내야 하는 것이다. 과거의 근무 형태는 아침 일찍 회사에 출근하여 하루 종일 누가 회사에 오래 앉아 있는지 경쟁하는 방식이었다. 책상 앞에 오래 앉아 있어야 충성심이 강한 사람이며, 개인 사생활이 없는 사람이 진정한 회사원이었다. 현재에는 그 누구도 그렇게 일하지 않는다. 그것이 매우 비효율적인 것이라는 것을 모두들 알기 때문이다. 오히려 빠르고 효과적으로 업무를 수행하는 사람들이 더 대우를 받을 수밖에 없다. 빠른 일처리로 업무 시간이 끝난다면 그 뒤에 무슨 일을 하건 그것은 개인의 자유이다. 자유시간 동안의 업무가 회사와의 계약 관계에 영향을 미치지 않는다면 말이다.

N잡러는 일(job)의 분야에서만 다양성을 의미하지만, 경제적인 측면에서도 다양성이 보장된다면 사람은 변할 수밖에 없다. 그리고 이런 변화를 통해서 사람들은 한쪽 분야만을 대변하는 사람이 아닌 양쪽의 속성을 가지고 있는 경계인이 될 것이다. 경계인들은 특정한 분야만을 대표하지 않

기 때문에 자신의 생존을 위해서 양쪽의 이해관계에서 발생하는 충돌을 해결해 나갈 수 있다.

나 또한 스타트업 생태계에 존재하는 경계인이다. 회계사로서, 재무 전문가로서 살아온 이력으로 인해 나의 지인들은 투자업계에 많이 종사하고 있다. 커리어의 전반부를 같이 보낸 사람들의 대다수가 타인의 돈을 모아서 운용하는 일을 하고 있다. 반대로 옐로모바일 이후에 만난 사람들은 대다수가 사업을 하거나, 스타트업에서 일을 하고 있다. 나 자신도 스타트업을 운영하고 있기 때문에 창업자들이 원하고 필요한 것들을 잘 알고 있다. 그리고 양쪽이 상호 간에 겪는 모순점과 괴리들을 이해하고 있다.

창업자들은 투자자들의 행동을 이해하기 어렵다. '왜 저렇게 말도 안 되는 사업에 투자했을까?' '나에게는 왜 투자하지 않는 걸까?' 반대로 투자자들도 창업자들을 이해하기 어렵다. '이런 사업계획서를 가지고 어떻게 투자하라고 하는 걸까?' '우리도 타인의 돈을 운용하는 입장인데 어떻게 이렇게 사업을 하려는 걸까?' 양측은 본인이 가지고 있는 이해관계에 따라서 생각이 다를 수밖에 없다. 하지만 그 누구도 틀린 사람은 없다. 다만 상호 간 이해관계가 다를 뿐이다.

그래서 나는 투자자들을 만나면 창업자들의 목소리를 많이 전해 주려고 한다. 반대로 창업자들에게는 투자자들의 이야기를 들려준다. "대표님이 거꾸로 생각해 보면 여기 투자하겠어요?" 라는 물음에 창업자들은 선뜻 "네"라고 답하지 못한다. 창업자도 투자자도 똑같은 사람이다. 다만 자신의 입장이 있을 뿐이다. 자신이 처한 경제적인 상황 하에서, 자신의 이득을 고려하지 않고 타인의 시각으로 말할 수 있는 사람은 없다. 그렇다면 누군가가 중간자 역할을 해야 하지 않을까? 나는 그것이 바로 경계인으로 발전할 가능성이 있는 N잡러들의 몫이라고 본다.

하나의 직업에서 여러 가지 직업으로 변화해 가는 과정이 비록 사회적으로 혼란스러워 보일지라도 반드시 진행되어야 하는 이유가 그것이다. 수요와 공급의 곡선이 하나로 만나고 이동하는 과정에서는 수많은 혼란이 야기된다. 하지만 결국 균형점에서 만나게 되고, 이러한 균형점은 과거보다 더 효율적일 수밖에 없다. ♠

startup

28

본질:
화려함에 속지
말자

찬 바람이 불면 사람들의 몸에 긴장감이 생겨난
다. 본격적으로 내년을 준비해야 되는 시기가 왔
기 때문이다. 규모가 있는 회사들은 올해의 계획
을 정리하면서 스스로를 돌아보고, 작거나 여유가
없는 기업들은 연말까지 생존 계획을 세운다. 그
리고 내년의 새로운 트렌드를 준비하는 사람들도
나오기 시작한다.

　매년 트렌드에 대한 책들이 서점에 깔린다. 트
렌드를 알려주는 몇몇 베스트셀러들은 벌써 십수
년째 일등 자리를 지키고 있는 경우도 있다. 특히,
내년의 트렌드를 대표하는 단어들은 자신을 소비
해 줄 누군가를 찾는 것처럼 열심히 세상을 돌아
다닌다. 연말과 연초에는 각종 미디어들과 SNS에
트렌디한 단어들이 범람한다.

2010년도 초부터 스타트업 붐이 일기 시작하면서 시장에서는 새로운 단어들이 퍼지기 시작한다. 혁신, 공유, 유니콘과 같은 단어들이다. 이미 우리에게 익숙해진 단어들이 대부분이다. 특정 산업을 대표하는 단어들이 사람들의 생활 속으로 파고들었다는 것은 바로 수많은 단어들과의 싸움에서 살아남았다는 것을 의미한다. 그리고 이런 단어들은 생존력만큼 놀라운 파급력도 가지고 있다. 소수의 사람들이 쓰는 단어에서 다수의 사람들이 쓰는 단어로 변화하는 과정에서 본래의 뜻이 바뀌기도 하고, 새롭게 적용되는 분야를 찾아가기도 한다.

이런 단어들이 가지고 있는 특징은 화려함이다. 수수하고 소박한, 하지만 고요하고 진실을 알려주는 단어들은 천천히 사람의 마음속에 자리잡는다. 하지만 화려하고 빠르고 자극적인 말들은 바람을 타고 세상을 흐른다. 트렌디한 단어들은 한방에 사람들의 마음속에 자리잡아야 하기 때문에 빠른 시간 동안 가슴속을 파고들어야 한다. 자연스럽게 이러한 단어들은 사람들의 눈과 귀를 자극하게 되고, 살아남은 단어들은 관심과 함께 많은 트래픽을 생성한다.

스타트업 업계에서 가장 화려하지만 본질과 관계없는 단어는 무엇일까? 나는 그것을 공유라고 생각한다. 누가 만들어 낸 단어인지 몰라도 실제로 공유 경제라는 말이 유행했다. 공유 오피스와 같이 공유를 붙인 단어들은 기존의 체제를 벗어나는 반항과 혁신의 의미로 쓰였다. 공유라는 단어는 두 사람 이상이 한 물건을 공동으로 소유함을 의미한다. 내가 굳이 물건을 사지 않아도 쓸 수 있고, 남들과 특정한 물건을 공동으로 소유해서 목적을 달성할 수 있다니, 이 얼마나 혁신적인가! 자원의 낭비도 피할 수 있다. 사회적인 비효율을 감소시킬 수 있으며, 자기 것만 소유하고 강조하는 분위기에서 벗어나 뭔가 자유로움마저 만들어 낼 것만 같다. 그런데 사업적으로는 어떻게 돈을 벌 수 있다는 걸까? 공유라는 단어가 나왔을 때 나는 이 단어의 쓰임새를 의심할 수밖에 없었다. 왜냐하면 스타트업에서 공유를 표방하는 업체들이 지속적으로 증가했기 때문이다.

실제로 공유라는 단어가 쓰이는 예를 보자. 위워크는 거대한 공간을 임차해서 꽤 괜찮은 수준의 인테리어를 하고 작은 기업들을 위한 사무 공간을 만들었다. 책상이나 의자뿐만 아니라 일하기 위해서 필요한 다양한 기기 등도 구비했다. 직원들을 위한 간식도 준비하고 세미나와 교육들도 준비했다. 그리고 이제 공간을 나눠서 사람들에게 팔기 시작했다. 다수의 스타트업이 위워크에 열광했고, 위워크에

입점하기 시작했다. 사람들은 위워크의 사업을 혁신적이라고 했다. 이 사업은 혁신일까?

혁신적이다. 적어도 나는 혁신이라고 생각한다. 그동안 사람들은 오피스를 이런 방식으로 소비하지 않았다. 다들 새로운 사무실로 옮기기 위해서 비싼 돈을 들여서 인테리어를 하고 고생해서 사무실을 구했다. 그리고 갑자기 인원이 불어나게 되면 만든 지 얼마되지 않은 인테리어를 버리고 새로운 곳으로 이사했다. 효율적인가? 비효율적이다. 위워크를 사용하는 사람이라면 그럴 필요가 없다. 언제든 유사한 환경에서 일할 수 있기 때문이다. 게다가 혼자서는 사무실을 구하기 어려운 위치에서 일을 할 수도 있다. 위워크는 사람들이 오피스를 소비하는 방법을 바꾼 것이다.

하지만 공유라는 개념은 맞지 않다. 위워크는 사무실을 비싸게 임차해서 쪼개어 판다. 오피스를 소비하는 방식을 바꾸었지만 이것은 공유가 아니다. 둘 이상의 사람이 사무실을 소유하는가? 소유하지 않는다. 둘이 각각 공간을 빌렸을 뿐이다. 타인이 소유한 물건을 빌려서 판매하면 공유인가? 공유가 아니다.

공유 숙박의 대명사였던 에어비앤비를 보자. 쓰지 않는 유휴 공간을 여행지로 사용하게 만들어 준다. 혁신인가? 혁신이다. 공유인가? 아니다. 에어비앤비를 통해서 숙소를 운영하는 사람은 공식적으로 숙박업을 하는 사람일 수도 있고 아닐 수도 있다. 숙박업을 하는 사람은 자신이 가진 상품의 시간을 쪼개서 상품을 내놓은 것이고, 일반 개인은 유휴 자원으로 돈을 버는 것이다. 소비자는 공간을 돈을 내고 빌릴 뿐 소유하지 않는다. 에어비앤비도 위워크와 마찬가지로 돈을 받고 무엇인가를 사용하게 대여해 준다. 사람들은 두 서비스를 통해서 각각의 재화를 소비하는 방법을 바꾼 것이다.

혁신이란 소비자가 시장에서 소비하는 방법을 바꾸게끔 만드는 것이다. 꼭 아무도 하지 않은 일들이 갑자기 일어나거나 연금술사처럼 흙으로 금을 만들지 않아도 된다. 그렇기 때문에 위워크와 에어비엔비의 사례는 혁신의 요건에 충분히 부합한다. 특히나 비즈니스의 영역으로 온다면 더 명확해진다. 이런 방법을 통해서 돈을 벌 수 있는가? 그렇다면 사업으로 존속할 수 있다. 돈을 벌 수 있는 구조인가? 그렇지 않다면 사업으로 존속할 수 없다.

위워크는 공유 오피스라는 개념을 내세워 거액의 투자를 유치했다. 그들의 새로운 사업 방식에 투자자들은 열광했고, 세상이 바뀔 것 같이 열광했다. 그들의 매출액은 계속 상승했고, 코로나 위기에도 버텼으며, 마침내 주식 시장에 상장했다. 그러나 2023년 9월 기준, 그들의 주가는 상장 당시보다 95% 이상 폭락했고, 현재는 파산 가능성이 있다고 스스로 진단했다. 그 원인은 무엇일까?

위워크의 위기에 대해서는 여러 가지 분석이 나오고 있지만 버블 경제 시기에 맺은 거액의 임차조건이 가장 큰 문제로 지적되고 있다. 물론 그 외에도 창업자의 기행부터 배임의 수준에 달하는 여러 가지 문제들도 있었다. 하지만 단순하게 비즈니스의 문제로만 분석해 보자. 임차하는 데 들어간 비용과 인테리어 비용, 그리고 운영하는 직원들의 인건비가 고정으로 들어가게 된다. 그리고 임차한 물건을 쪼개서 판매해서 얻게 되는 매출과 그에 따른 약간의 변동비가 있다. '매출-변동비-고정비(임차 계약 등)'를 해서 이익이 나지 않는다면 이 회사는 존속할 수 없다.

공유라는 단어가 이런 문제를 해결해 줄 수 있을까? 공유하면 비용이 감소하는가? 매출이 증가하는가? 아니다. 마치 사회적인 혁신을 일으킬 것 같은 구조로 회사를 마케팅을 하던 시기에는 매출이 증가하는 데 도움이 되었을 것이다. 떡밥과 트렌디한 용어가 필요한 미디어는 공유라는 용어로 미디어를 도배했다. 앞으로 모든 세상은 공유를 중심으로 바뀔 것처럼 단언했다. 하지만 지금은 위워크의 혁신적인 공유 비즈니스에 대해서 말하는 사람은 없다. 위워크가 무너지자 위워크의 본질은 부동산업이었다면서 뒤늦게 비판하는 기사들도 나왔고, CEO의 기행에만 집중된 기사들이 나왔다. 혁신적인 우리의 공유는 사라졌다.

이처럼 화려하게 마케팅에 쓰이는 말들은 본질을 담지 않는다. 공유 경제라는 말이 처음 나왔을 때 "그래서 매출과 비용이 어떻게 달라지나요?"라고 물어보는 사람은 없었다. 결과적으로는 비즈니스 구조와 숫자들만 남게 되는데도 말이다. 모두들 화려한 말들을 쫓아다녔지만, 결국 남은 것은 적자투성이의 재무제표와 95% 증발한 주가뿐이다. 화려한 단어들은 결과를 보장하지도 않고, 본질을 말해 주지도 않았다.

화려함은 본질을 숨기기에 가장 쉬운 툴이다. "우리는 다르다. 우리는 변화한다"라는 문장에는 '어떻게'가 들어가야 한다. 구체적이고 상세한 서술이 빠진 문장과 단어들은 모순투성이일 뿐이며, 스스로에게 지속적인 확장을 하는 분식회계와 다르지 않다. ♠

29

실행력:
재벌집 막내아들은
어떻게 살아남았나

2022년 큰 인기를 끌었던 드라마 〈재벌집 막내아들〉은 회귀 판타지물로, 그 특징은 현재 가지고 있는 지식 또는 역사적 사실 등을 그대로 보유하고 과거로 돌아간다는 것이다.

남들이 모르는 지식을 알고 있고, 앞으로 발생할 일들을 미리 알 수 있기 때문에 과거로 회귀한 주인공들은 대부분 초인적인 능력을 가진다. 하늘을 날고, 시공간을 움직이는 능력을 가지고 있지 않아도 앞으로 발생될 일들을 안다는 것 자체만으로도 사회에서는 큰 힘이 된다.

이런 회귀물이 유행하고 많은 사람들이 즐겨 보는 것은 현실에서의 갑갑함 때문일 것이다. 너무나 빠르게 변하는 세상 속에서 이제 그 누구도 미래를 명확하게 예측하는 것은 불가능하기 때문이다. 일 년 전만 해도 투자자들 사이에서 각광받던 회사들이 속절없이 무너지는 것을 경험한 사람들은 더욱 큰 불안함을 느끼게 된다. 그리고 그 불안함은 현실 세계에 대한 갑갑함이 된다. 무엇 하나 믿을 수 없고 확신할 수 없는 환경 속에서 사람들은 탈출구를 필요로 한다. 자신이 아는 것들이 확실히 현실이 되는 탈출구 말이다.

그래서 회귀물은 모두에게 사이다 같은 역할을 한다. 단순히 과거로 전생해서 마법사가 된다거나 괴물을 물리치는 영웅이 되는 회귀물은 호불호가 갈린다. 판타지를 싫어하는 사람들도 있기 때문이다. 하지만 그것이 바로 우리가 겪은 경제라면 이야기가 다르다. 사람들은 재벌집 막내아들이 차별화된 지식과 경험으로 세상을 개척해 나간다는 사실에 열광했다.

하지만 약간의 찜찜함이 남는다. 과연 내가 현재 어떤 일이 발생할 줄 알고 있다는 것 자체만으로 재벌집 막내아들과 같은 성공을 만들어 낼 수 있을까? 나는 드라마를 보는 동안 그의 활약에 열광하면서도 한편으로는 서늘함을 느꼈다. 만약 내가 재벌집 막내아들처럼 과거로 지식을 가지고 돌아간다고 해도 똑같이 할 수 있었을까 하는 생각이 들었기 때문이다.

무엇인가를 이루기 위한 실행은 단순히 지식만으로 되는 것이 아니다. 아무리 무슨 일이 일어날 것인지 정확히 알고 있더라도 그것을 자신의 지식대로 실천하기는 어렵다. 우리는 과거에 배웠던 원칙들을 그대로 실행하면서 사는가? 아침에 일어나서 운동을 하고 일을 하고 돌아와서 가정을 돌보고, 위험을 감수하지 않지만 적정한 리스크를 질 수 있는 투자를 하면 안정적으로 성장할 수 있다는 것을 우리는 누구나 알고 있다. 하지만 누구나 실행하는 것은 아닌 것처럼 말이다.

재벌집 막내아들이 과거로 돌아가 성공할 수 있었던 것은 유감스럽게도 그가 알고 있던 지식 때문이 아니다. 그가 과거로 돌아가 보인 실행력은 현실에서도 그가 실행이 뛰어났던 사람이기 때문에 가능했던 것이다. 단순히 과거로 돌아가서 어떤 기업이 성공할 것을 안다고 해도 투자할 기회가 주어지지 않는다면 투자할 수 없다. 가만히 앉아 있으면 아무것도 실행되지 않는다. 재벌집 막내아들은 지식을 활용하기 위해서 사람을 만나고 기회를 만들려고 여기저기 뛰어다니면서 실행을 한다.

그리고 본인이 겪어 보지 못한 일들도 생겨난다. 새로운 환경에 놓이게 되면 자신의 예상과는 다른 일들이 반드시 발생하게 된다. 새로운 기회는 항상 리스크를 동반하며, 예측하지 못한 일들을 지속적으로 만들어 낼 수밖에 없다. 이러한 예측 불가능한 상황에 어떻게 대처하는지가 성공을 만드는 중요한 요소들이다. 자신이 가지고 있는 지식들은 언젠가는 무조건 고갈될 수밖에 없다. 드라마는 주인공의 삶의 중간에서 멈춰 버렸지만, 그가 계속 살았다면 어떻게 되었을까? 더 큰 재벌이 되었을 수도 있고 아니면 예상하지 못한 리스크를 감당하지 못하고 파산했을 수도 있다.

창업을 하는 사람들의 환경도 마찬가지다. 처음에는 자신이 가지고 있는 지식만으로 회사를 운영한다. 그리고 강한 확신을 가진다. 하지만 한두 번 현실에 부딪히면서 현재 상황을 인지하게 되면 자신감이 줄어들 수밖에 없다. 불안함은 커진다. 사람들이 내 서비스를 좋아할까? 매출을 목표한 만큼 낼 수 있을까? 이러한 질문에 답해 줄 수 있는 사람은 없다. 정답이 없기 때문이다. 그때부터 창업자는 어둠의 숲을 혼자서 걷게 된다. 불안하고 막막한 날들이 계속되고 감정의 기복도 커진다.

그래서 창업자는 어느 순간부터인가 불확실성과 친구가 되어야 한다. 재벌집 막내아들도 어느 순간부터 느꼈을 것이다. 전체적으로 어떤 일이 발생하는가에 대한 지식은 있지만, 당장 눈앞의 사람이 무슨 말을 할지 모르는 것은 그도 마찬가지다. 불확실성과 친구가 되고, 자신이 당장 할 수 있는 일만을 해 나가는 것만이 그가 할 수 있는 일이다. 창업자도 이와 같다.

앞으로도 불확실한 상황은 계속될 수밖에 없다. 한 치 앞도 모르는 상황이 올해만 있지는 않을 것이다. 이제는 그 누구도 몇 년 뒤의 상황을 예측할 수 없다. 다만 앞으로 걸어갈 뿐이다. 당장 앞을 주시하면서 가끔은 먼 곳도 바라보면서 고개를 좌우로 흔들면서 앞으로 나아가야 한다. 실행만이 위험한 동반자인 불확실성을 줄여 줄 수 있는 유일한 방법이다. ♠

30

비전:
몽상가와 현실주의자

회사를 운영하는 것에도 유행이 있다. 예전에 학교에서 배웠던 지독한 관리 중심의 회사 운영은 아마 이전부터 유행했던 일본식 경영 관리 방법의 잔재일 것이다. 80년대 일본 경제는 부흥과 버블을 맞고 그 이후에 지속적인 저성장 기조를 맞이했다. 하지만 길지 않았던 일본 경제의 버블 시기는 많은 사람들에게 깊은 영감을 주었고, '어떻게 일본이 저렇게 성장할 수 있었는지'에 대한 연구가 많았다. 일본식 경영에 따른 관리 방법들과 생산 노하우들은 경영학 교과서에도 실리면서 널리 알려지기 시작했다.

한때 GE의 경영자인 잭 웰치는 경영의 신으로 추앙받았다. 거대 글로벌 기업을 운영하면서 구조조정을 하고 회사를 재편하면서 괄목할 만한 성과를 만들어 냈기 때문이다. 그리고 그것을 기념하듯 자서전도 썼다.

경제는 큰 변화를 여러 번 만나게 된다. 그중 가장 큰 변화는 아마도 인터넷과 모바일 시대의 도래일 것이다. 인터넷 버블은 한 번 세상을 흔들어 놓고 몰락했고 모바일도 또 한 번 세상에 큰 변화를 가져왔다. 이제는 그 누구도 잭 웰치를 이야기하지 않는다. 불과 20년 전 이야기인데 말이다. 이제 사람들은 스티브 잡스와 일론 머스크를 보면서 이야기를 한다.

잭 웰치의 시대에 바람직한 경영자는 바로 관리가 특기인 현실주의자들이었다. 꼼꼼하게 숫자를 보고 진입이 가능한 시장을 숫자로 정리하면서, 또 더듬어가면서 회사를 운영하는 방식이었다. 그 당시에도 물론 새로운 시장이라는 것은 있었을 것이다. 신사업도 있고, 새로운 도전도 있었다. 하지만 잡스처럼 없던 시장을 만들거나, 사람들의 감정을 흔들지는 못했다.

스티브 잡스가 만들어 낸 것은 시장만이 아니다. 그는 팬을 만들었고, 사람들이 가지고 있는 감정의 움직임을 만들어 냈다. 아마도 시장의 움직임과 감정의 변화는 유사한 말인 듯하다. 사람들의 마음이 움직여야 구매가 일어나고, 그

것이 곧 시장이 되기 때문이다.

새로운 시장을 만들어 내고 사람들의 마음속에 있는 모습을 그려 내는 것은 현실주의자가 하기에는 어려운 일이다. 현실주의자는 주어진 자원을 이용하여 최대한 효율적으로 무엇인가를 운영해야 한다. 하지만 무엇인가를 혼자서 만들 수는 없다. 자료가 있어야 하고 비교할 수 있는 벤치마크도 존재해야 한다.

몽상가들은 그렇지 않다. 없던 것들을 만들어 내려고 무엇인가 시작하고, 작은 단초에서 큰 시장의 가능성을 본다. 누군가는 전단지를 주워 가면서 배달 중개 시스템(배달의 민족)을 꿈꾸었고, 또 누군가는 자유로운 송금을 꿈꾸면서 은행(토스)을 만들어 냈다. 이처럼 몽상가들은 남들이 하지 않았던 것들을 만들어 내고는 한다. 현실주의자들이 보기에는 터무니없는 것들도 많다. 현실주의자들은 주로 제한된 자원을 가지고 일을 하기 때문에 몽상가들과 같은 조건 하에서는 일하기가 어렵다. 몽상가들은 숫자도 모르는데 신기하게도 계속 자본을 구해 온다. 누군가에게 꿈을 팔아서 말이다. 시장에서는 그들의 꿈에 베팅하는 사람들이 생겨나고, 몽상가들은 계속 꿈을 꿀 수 있게 된다.

하지만 또다시 상황이 바뀌면서 많은 몽상가들이 사라질

위기에 처했다. 유행이 바뀌는 시점에는 대체로 두 가지 유형이 사람들이 생겨난다. 재빠르게 자신의 특성을 환경에 맞추는 사람들과 우직하게 그것을 유지하는 사람들이다.

큰 변화의 시대에는 자신만의 길을 고집하는 사람들이 주로 사라지게 된다. 엄밀히 말하면 그들이 고집이 세기 때문이 아니다. 자신의 기질을 바꾸기가 상황상 어렵기 때문이다. 몽상가는 현실주의자가 되지 못하고 현실주의자는 몽상가가 되지 못하는 현실에서 불리한 것은 몽상가이다. 현실주의자는 크게 성장하지 못하지만 망하지 않는다. 하지만 몽상가는 어설프게 존재하지 않는다. 확실하게 망하거나 크게 성장할 수밖에 없다. 그러므로 몽상가는 자신의 꿈에 베팅해 주는 누군가가 없으면 오래 버틸 수가 없다.

몽상가와 현실주의자의 두 가지 특성을 모두 가지고 있다면 어떨까? 매우 이상적인 경영자일 것이다. 하지만 기질은 그렇게 절반씩 나누어 가질 수 있는 것이 아니다. 용기 80, 지능 90 이렇게 딱 잘라서 숫자로 표현되기 어려운 말그대로 '기질'이기 때문이다.

그래서 주위에 살아남은 창업자들을 보면 자신이 가지고 있는 고유의 영역을 지켜가면서 나머지 기질을 보완할 수단을 가지고 있는 경우가 많다. 그것은 동료일 수도 있고, 조언을 해 주는 멘토일 수도 있으며 혹은 또 다른 형태일 수도 있다. 생존자들은 두 가지 기질을 균형 있게 보유하고 있지 않으면 위기의 순간에 안정적으로 생존할 수 없다는 것을 알고 있다. 그래서 자신이 가지지 못한 기질을 어떻게 보완할 것인지를 본능적으로 알아내고 그것을 얻기 위해서 노력한다.

장기 불황의 초입기에서 많은 몽상가들이 사라지는 것을 보고 있다. 하지만 그들이 틀렸다고 생각하지 않는다. 다만, 또 다른 시대가 오고 있다는 생각은 든다. 몽상가와 현실주의자는 자신이 유리한 판을 선택할 수 없다. 다만 주어진 시간 속에서 자신의 역량을 최대한 펼쳐서 생존하려고 발버둥칠 뿐이다. 이제는 현실 감각을 조금 더 갖추고 있는 사람들이 생존에 유리한 시간이 될 것이다. 그리고 그와 관련된 유행이 번져갈 것이다.

하지만 우리는 기억해야 한다. 경제 사이클은 돌아가고 언젠가 우리는 또 다른 이름의 버블을 맞이하게 될 것이라는 것을. 그리고 그때가 오면 몽상가들은 다시금 건재한 모습으로 돌아올 것이다. ♠

스타트업, 쉽게 할 수 있다는 거짓말

초판 1쇄 인쇄	2024년 6월 7일
초판 1쇄 발행	2024년 6월 14일
지은이	최정우
책임 편집	박새암
편집	윤소연
마케팅 총괄	임동건
마케팅 지원	신현아
경영 지원	이지원
펴낸이	최익성
펴낸 곳	파지트
디자인	페이퍼컷 장상호
출판 등록	제2021-000049호
주소	경기도 화성시 동탄원천로 354-28
전화	070-7672-1001
팩스	02-2179-8994
이메일	pazit.book@gmail.com

ISBN 979-11-7152-047-3 03320